MAUS

A SURVIVOR'S TALE

MAUS

A SURVIVOR'S TALE

PART I
-吾父血淚史-
MY FATHER BLEEDS HISTORY

PART II
-我的麻煩這才開始-
AND HERE MY TROUBLES BEGAN

art spiegelman

鼠 族
MAUS: A Survivor's Tale

PaperFilm FC2045
一版一刷 2020 年 2 月
一版七刷 2022 年 3 月

作者：亞特·史畢格曼（Art Spiegelman）
譯者：宋瑛堂
編輯總監：劉麗真
責任編輯：陳雨柔
行銷企畫：陳彩玉、陳紫晴、薛綸
中文版封面設計：馮議徹
手寫字：陳瑞秋
校對協力：陳韋臻
內頁編版：漾格科技股份有限公司

發行人：涂玉雲
總經理：陳逸瑛
出版：臉譜出版
城邦文化事業股份有限公司
臺北市民生東路二段 141 號 5 樓
電話：886-2-25007696　傳真：886-2-25001952
發行：英屬蓋曼群島商家庭傳媒股份有限公司城邦分公司
臺北市中山區民生東路二段 141 號 11 樓
客服專線：02-25007718；25007719
24 小時傳真專線：02-25001990；25001991
服務時間：週一至週五上午 09:30-12:00；下午 13:30-17:00
劃撥帳號：19863813　戶名：書蟲股份有限公司
讀者服務信箱：service@readingclub.com.tw
城邦網址：http://www.cite.com.tw

香港發行所：城邦（香港）出版集團有限公司
香港灣仔駱克道 193 號東超商業中心 1F
電話：852-25086231·傳真：852-25789337

馬新發行所：城邦（新、馬）出版集團
Cite (M) Sdn. Bhd. (458372U)
41-3, Jalan Radin Anum, Bandar Baru Sri Petaling,
57000 Kuala Lumpur, Malaysia.
電話：+6(03)-90563833·傳真：+6(03)-90576622
電子信箱：services@cite.my

ISBN：978-986-235-804-7
（本書如有缺頁、破損、倒裝，請寄回更換）
售價：560 元
版權所有·翻印必究（Printed in Taiwan）

紐約市皇后區雷格公園一帶，一九五八年前後

那時是夏天我記得。
我那年十歲或十一歲…

墊底到學校的人
是個臭雞蛋！

……我跟小豪和史提夫溜冰上學……

……我的溜冰鞋
竟然鬆了。

啊！

喂！等等我，同學！

臭雞蛋！
哈哈！

等…等我！

嗚哭

父親正在門前修東西…

獻給安雅

吾父血淚史

（一九三〇年代中至一九四四年冬）

CONTENTS

「猶太人無疑是一個民族，但他們不是人類。」

──**阿道夫 ・ 希特勒**

第 一 章　　酋 長

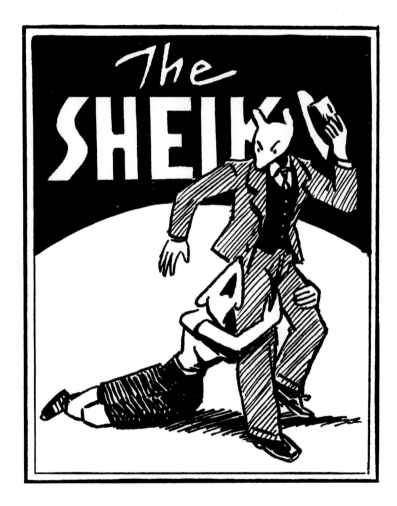

我和父親不算親近，好久沒見面了。
這天我去雷格公園看他。

爸爸！

唔，亞第。
拖這麼久。
害我擔心了。

芙蘭索瓦絲怎麼不跟著來，多可惜。

嗯⋯嗯。她叫我
問候你。

他比上次老了好多。我母親自殺
身亡，加上他兩度心臟病發，
殘害他身心至深。

瑪拉！誰來了，快來
看！是亞第！

瑪拉是他再婚的對象。她戰前在
波蘭就已認識我父母。

她也是大屠殺的倖存者，如同我
父母多數朋友一樣。

嗨，亞第。外套
給我，我幫你掛。

晚餐上桌了。

哎呀，
瑪拉！

怎麼給他鐵絲衣架掛！
我幾乎兩年沒見亞第了都——
我們家木頭衣架子
多的是。[1]

這對夫妻不睦。

1 父親講歐式英語，文法大致正確但副詞和受詞常倒置。

13

晚餐後，他帶我進我童年房間……

來——邊聊邊騎讓我……

對我心臟好，騎車。對了，告訴我，你怎樣最近？漫畫做得怎樣？

我還是想畫一本書介紹你…

我以前跟你談過的那一本……

主題是你在波蘭家鄉的日子，和二次大戰。

好幾本也寫不完啊，我的日子，何況，這檔子故事誰想聽。

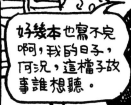

我就想聽。從媽談起好了……告訴我，你們怎麼認識的。

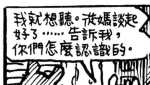

最好用心畫那種有錢賺的東西你應該……

可是，如果你要，我可以告訴你…我當時住在小城琴斯托霍瓦（Czestochowa），離德國邊界不遠…

我做紡織品買賣生意——賺不多，不過生計沒問題。

當時我年輕，而且是個優質小帥哥。

有好多女孩，我根本不認識，全想把我給倒追。

RRING

＊鈴

哈囉，笴拉迪克嗎？我是犬列克……

我有個朋友露西亞‧葛林佰格請我介紹她給你認識。

THE SHEIK

老有人說我跟范倫鐵諾一模一樣長得。[2]

PICTURE

後來，我請露西亞去跳舞⋯

你自己一個人住嗎？

對。

我有一間小公寓。我父母搬去索斯諾維茨（Sosnowiec）了。

改天我想去看看你公寓。

改天吧。

2《沙漠酋長》（The Sheik），一九二一年浪漫默劇電影。

15

17

隔天早上，我親戚介紹安雅給我認識。
她們兩人有時講英文。

妳喜歡他嗎？

他是個帥哥，好像人很好。

她們不曉得我懂英文。

呃——我保證過早點回家……那我先走一步囉。

對了，妳講英文時要小心——不然「陌生人」可能懂。

你…你懂英文？

你是在學校學的嗎？

我十四歲左右被迫休學去工作。

…不過，我找了家教…我從小夢想去美國。

你趕著回琴斯托霍瓦，多可惜啊。

對——我有生意要做。

你家有電話嗎？

我一回到琴斯托霍瓦，她馬上來電——一天一通…兩通…我們每天都講電話。

18

後來，她開始寫信給我，文筆好優美—幾乎沒人能把波蘭文寫成那樣。

我去找她兩三次。她寄給我一張相片。

我買一個高級相框⋯⋯

我快跟她訂婚了，露西亞。

嗯！看看你，挑中了一個大美人。

過了大概一禮拜，露西亞又來了，看見相片⋯⋯

外表又不代表一切，露西亞。妳一直過來找我，對我們兩個都不好⋯⋯

⋯我們該為將來做打算，而且—

忘了她吧！讓我來讓你高興！

想甩掉露西亞沒那麼簡單。

澤貝佰格家開製襪工廠— 全波蘭比它大的沒幾間…
不過,我進她家門,全家卻把我當成國王看待……

你隨便坐坐,
我去幫忙煮菜。

歡迎 歡迎。

安雅—
符拉迪克來了!

我想看一看安雅會不會
做家事,所以打開她的
衣櫃偷看。

所有東西
乾淨整齊,
合我心意!

唉,什麼東西?
—藥?!

我寫下藥名每一種。

如果她有病,我調查她
為的是什麼?

晚餐
上桌了!

後來,我藥劑師朋友告訴我,
她吃藥是因為體格太瘦,而
且神經衰弱。

再來一點猶太魚餅凍吧,
符拉迪克?

長話短說,一九三六年底我們訂婚,
我從琴斯托霍瓦搬去索斯諾維茨。

21

露西亞從此沒消息，——
不過，安雅也不再來電…

不打電話，不寫信，
完全不聯絡！怎麼了？

哈囉，澤臭佰格夫人，
可以請安雅
聽電話嗎？

她說她不想
跟你講話！

為什麼？

有人從琴斯托霍瓦寄信給她。
天啊！把你寫得好難聽！

呃，我用電話勸沒用。
我禮拜五下班搭火車
南下好了。

那天不是假日，
我去索斯諾維茨照樣。

怎麼了，安雅？告訴我，
我到底做了什麼大壞事？

你最清楚。你自己
讀這封信！

24

不過，關於露西亞的這部分，你聽聽就好——我不要你把她寫進你的書。

什麼？為什麼不行？

扯不上邊啊，跟希特勒和大屠殺！

可是，老爸——這內容很精采呀。整個故事會變得更寫實——更人性化。

我想照事實陳述你的故事。

可是，這種事不太正經，不太莊重。

…我可以再告訴你別的故事，不過，這麼私密的東西，我不要你提。

好啦好啦——我保證。

25

第 二 章　　蜜 月

隨後幾個月，
我頻頻去看父親，
聽他談往事。

談談媽的事吧…
…11…12…13…
呃…爸，
你在忙什麼？

我想把每天吃的藥
分格子擺。
…14…15…

…16…17…18…
這麼多
顆？

六個治心臟病，一個
治糖尿病…另外是
維他命，二十五或
三十個大概。

以我這身子，想得救，得打一場
硬戰啊。醫生啊，他們只給我
「垃圾食品」……

…我現在都把處方藥叫做垃圾。
我研究過這本《預防雜誌》…
你想不想看？

不要，謝了。

談談媽的事吧──
認識你之前，她交過男朋友嗎？

談戀愛的那種沒有…
倒是有個華沙來的
男孩子，個子很高。

他是…共產黨！

即使是婚後，每次這傢伙來索斯諾維茨，安雅老是衝出去見他。

當然，我那時不曉得他是共產黨。共產黨那票人，我避得遠遠的總是。

婚後不久，我去外地做生意，回家一看⋯⋯

欸，符拉迪克——住在同一條走廊的女裁縫剛被抓走了！

她藏了一些共產黨機密文件！

我上樓⋯⋯

警察剛逮捕一——赫？怎麼了？

警察剛來過這裡！

來找安雅！

她剛告訴我們⋯⋯

她常去見的那個男孩從華沙帶共產黨訊息來。

請她翻譯成了德文，傳給別人！

安雅被捲進密謀！

警察找上門前不久，有朋友打電話給她……

警方認為妳有嫌疑！趕快把文件藏好！不過那些文件很重要——盡量不要毀掉。

怎麼辦呢？她衝去找女裁縫。女裁縫是我們的房客之一。

史蒂方斯卡小姐——求求妳！幫我藏這包東西——別告訴任何人！

因為安雅是個好主顧，所以她答應了。

警察搜遍我們家，沒找到東西，只好去搜鄰居家。

呃——妳這包裹是哪來的？

我從來沒看過啊——一定是顧客留下來的！

安雅脫險了，不過女裁縫被押走。

30

這件事
被我發現後，
我準備離婚。

我告訴她，
「安雅，如果妳
要我，妳就應該
聽我的話……

如果妳要妳的共產黨
朋友，那我在這個家
裡待不住！」

她是個好女孩，
當然不再搞
共產黨的事。

女裁縫後來怎麼了？

史蒂方斯卡小姐在牢裡
蹲了比較久 —— 大概
三個月。

證據不足，警察放她走，
終於。

岳父代她繳律師費，給她一點錢
—— 花了差不多一萬五千波蘭幣。

滿貴的，
對吧？

對，不過還不止這樣。同時，
他給了我們更多……

符拉迪克，等你和安雅給我
孫子抱，我希望他日子過得
舒服。

嗯，我出差做生意、
賺到的錢，幾乎能
開一家布店……

一家店？
那算什麼！
你應該開一家
紡織工廠才對！

那資本
太高了！！

不必擔心～
錢我能給你，另外
信貸多的是。

我在別爾斯科（Bielsko）開工廠，
每週末回家陪安雅。

到了一九三七年十月，工廠開成了，頭胎里丘也出生了。

他是巨嬰——三公斤多。

天啊——安雅體重才三十九！

你當然不認識他。他沒有逃出戰火。

對，我知道……

欸，不對吧——你們在二月結婚，里丘十月出生，他是早產兒嗎？

對，有一點……

不過，你——戰後你出生的時候，你早產的週數更多。醫生都說你活不久。

我找到一個高手，把你給救了…為了把你從安雅肚子裡挖出來，他不得不弄斷你手臂呢！

你是個小小娃的時候，一支手臂老是往上翹，像這樣！

我們笑說，你綽號叫「希特勒萬歲！」

我們老是把你那手壓下去，結果你會…糟糕！

看，都怪你不好！

我？沒關係啦，我待會幫你再敷就好。

不行！敷藥丸子你不懂。等下子我自己再…這方面我是專家。

言歸正傳…
安雅回娘家住，
我搬去別爾斯科
經營工廠，幫我們
找個公寓……

可是不久，有通電話從東斯諾維茨來了……

符拉迪克？趕緊回家——安雅病了！

我卻不在乎。我只是不想活下去而已。

我一進門，她哭起來了馬上……

怎麼一回事，親愛的？

啜泣 不要緊…完全沒事。

那妳幹嘛哭呢？

我不知道啊！

我有個好家庭…一個好寶寶…應該快樂才對。

來，寶貝，喝這個，休息休息。

我不懂。怎麼會這樣？

生育耗費太多心力了。她每天不是歇斯底里就是憂鬱…精神崩潰了！

求求妳

醫生介紹一家療養院。

…不過，一定要有人陪她去…一定要是她能信賴的人。

事情全安排妥當了——孩子能待在這裡，請個保姆就好。

…工廠的事交給我關照。

啜泣

告訴你，德國今天發生大屠殺事件！

有人說出他一個德國表弟遇到的事……

…表弟被逼把公司賣給德國人，逃出德國，連錢也帶不出來·

我是個裝屍遊足猶太人

那裡的猶太人日子難過得很──惨啊！

另外有個人告訴我們，他有個親戚住在布蘭登堡（Brandenberg）──警察進他家，從此他沒消沒息。

本鎮無猶太

同樣的說法好多好多──猶太教堂被放火、猶太人不明不白挨揍、全鎮猶太人被趕走──故事一個比一個惨。

但願那些納粹混混快點被推翻！

不要惡化成打仗就萬幸了!!

療養院地點很偏僻—
好安詳，好安靜。

妳看看，這些花
園多漂亮，安雅。

嗯嗯

全球各地各種病人都來。
裡面有幾個商店甚至…
一個戲院…真的很美……

我們的房間簡直像豪華飯店一
景觀不錯，來看看。

嗯嗯

護士會來看
安雅每早。

每隔幾天，
我去診所找一個大牌專科。

怎樣，醫生怎麼說？？

他告訴我，妳的情
況還好…還好…

放輕鬆
就行了。

我對這種病
瞭解很多，
所以幫忙
安撫她老是。

看—家裡寄信來了。

裡面有張里丘的
相片—我看看。

他是個英俊小生…
跟他爸爸一樣，對吧？

對。

晚上，我們不是去戲院，就是去咖啡廳跳舞。

一九一四年大戰開打時，我們家搞丟枕頭，鬧出一個慘事，我告訴過妳沒？

我那年七歲…家太靠近國界…不安全……

為了讓她不得閒，我講了好多笑話和故事…

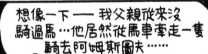

…所以我們盡可能把家當塞進馬車，給四隻馬去拉，想去拉多姆斯科（Radomsko）投靠我外公。[3]

有人騎馬經過，說我們掉了一個枕頭，在綠英里外。被一個前往阿姆斯圖夫（Amstow）的男人撿走了，那枕頭。

想像一下——我父親從來沒騎過馬…他居然從馬車牽走一隻騎去阿姆斯圖夫……

我們等了又等…母親哭了起來：「他一定騎馬摔死了！」出發前她求他：「枕頭丟了就算了吧，連同霉運一起丟光光！」

他騎走的那隻馬骨瘦如柴，也沒有馬鞍…最後，那天半夜，父親騎馬回來了…枕頭壓在他血淋淋的屁股下面……

所以，父親把枕頭撿回來了…可惜戰爭期間，他根本沒法子生下！

我愛你，符拉迪克。

她笑了，好開心，好開心，每次都湊過來親我，她真的好開心。

3 根據族譜，符拉迪克母親娘家在拉多姆斯科。

我們住了差不多三個月，回家時，和離家前比較起來，安雅瘦了一個人簡直。

唷呼，老爸！

安雅！妳看起來身價百倍！

有件事，符拉迪克…我不想讓你在療養院乾著急。是這樣的…

你要有心理準備——別爾斯科的工廠被洗劫了！

什麼！

上個月的事。東西全被搶走了！

唉！唉！唉！

我們走得太急了，我根本沒空投保。

嗯，起碼我能幫你重建。

洗劫和反猶太運動有關嗎？

不像是，我覺得。純粹是搶劫而己……

…就像去年在雷格公園這裡我們被搶一樣。

嗯…在別爾斯科，岳父幫我們重新站起來…

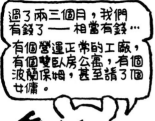

過了兩三個月，我們有錢了──相當有錢…有個營運正常的工廠，有個雙臥房公寓，有個波蘭保姆，甚至請了個女傭。

看，里丘，爸爸回家了！

你怎麼一臉不高興，符拉迪克。

鬧區今天又發生暴動了。

…大家都喊，「猶太人滾蛋！猶太人滾蛋！」…有兩個人甚至連命都沒了。警察只袖手旁觀！

都怪那些納粹在憎惡大家！

一提到猶太民族，波蘭人不必太憎惡、就激動起來！

史畢格曼夫人──妳怎麼能講這種話。我把你們當成自家人看待啊！

對不起，雅尼娜。我不是針對妳啦！我只是擔心而已！

有人己經搬走了，說不定我們也該走。

如果情況再惡化，我們可以逃回索斯諾維茨去。

索斯諾維茨有比別爾斯科更安全，不會吧？

我們當時以為，希特勒想吃掉的部分是像別爾斯科這種地方，一次大戰之前是德國領土。

幸好，接下來一年多，我們日子還是過得美滿——直到一九三九年八月二十四日。

政府寄來一封信！

徵召令！我屬於波蘭後備陸軍，所以要馬上去報到！

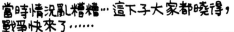

當時情況亂糟糟…這下子大家都曉得，戰爭快來了……

快，收拾所有東西！妳父親會帶妳去索斯諾維茨。

符拉迪克，我好害怕！

帶走妳的小玩意，妳蒐集的洋娃娃也全帶走！

它們又不重要！

帶走再說。對妳有好處。

被我料中了。後來情況惡化了，這些東西能換錢用。

就這樣，安雅和里丘與保姆往索斯諾維茨走……

……我往另一個方向去…上前線對抗德國。

41

我眼睛開始流血，不得已，跑去另一家醫院找醫生。

幸好另一個專科幫我動手術馬上！不然我老早沒命了。

所以現在一顆眼珠是玻璃做的。

做得不錯吧，眼珠？

有一次在醫院，甚至有個年輕醫生來我病床……

他拿燈照我兩眼，看了好久，

說：「史畢格曼先生，你的左眼很健全！」

「…不過，你的右眼裡面有白內障。」

他當然不曉得左眼是玻璃眼……

我也不告訴他。我不想害他丟臉覺得。

嗯嗯——你講過了。

好吧，這樣就夠了吧，今天？

我累了，還得再敷藥丸子。

好，也好……我寫筆記也寫得手痠了。

第 三 章　　戰 俘

為了進一步明瞭
父親的往事，
我更加勤走他家……

再多吃點四季豆，亞第。

好。咦，
你完全不吃！

不用了，謝謝。
我飽了。

起碼把餐盤裡的東西
吃光吧！

好啦…好啦。

妳知道嗎，瑪拉，小時候，如果我
不吃光媽給我的菜，爸和我會一直
吵架，最後我會衝進房間哭……

誰也吵不贏
你父親，
這點你最清楚。

…媽會好心説，她可以去煮點
我比較喜歡的東西，可是爸硬要
她把剩菜留下來，等我吃完再説。

有時候，爸甚至
把剩菜留著，
下一餐再端給我，
不吃就餓肚子。

對！非那樣不行。
非吃完不可，盤裡
的飯菜，沒例外。

啊，
符拉迪克。

幸好，媽最後會煮我喜歡吃的東西，趁你不注意，把剩菜倒掉。

對，安雅老是對你太心軟。

嗯，謝謝妳招待晚餐，瑪拉。煮得很美味。

哼——雞肉煮得太乾了，我覺得。來，我們去客廳聊比較好。

好——我帶筆記簿過去。

…告訴你，面對瑪拉啊，我該怎麼辦真不曉得。她——

拜託，老爸！你又來了，我不想再聽了。談談一九三九年你被徵召的事吧。

一九三九？對…我們進陸軍受訓幾天，然後，到了九月初，我們被送到前線……

…我們在一條河附近挖戰壕，對岸是德軍。

本來一切平靜，後來
接近早上……

不對吧。
你才受訓幾天，
就被送去
戰場了？

嗯，我二十一歲那年
第一次進陸軍當兵一年半，
然後每隔四年去
盧布林(Lublin)
受訓一個月。

你知道嗎，我父親
想盡辦法
不讓兒子
去當兵…

…因為他年輕時被逼
去俄國當兵。
…他們會押
你去當二十五
年…去西伯
利亞！

為了逃避兵役，
我父親拔掉十四顆牙。
缺牙十二顆的人免役。

我哥馬克斯滿二十一歲時，
父親逼他節食餓肚皮。
馬克斯老是病奄奄的－好瘦啊。

後來他去陸軍體檢…
軍方不收他。

一年後，輪到我，父親也想
逼我餓肚子。

慘啊，
那時候！……

47

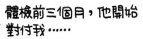
體檢前三個月，他開始對付我……

起床，符拉迪克！你睡太久了！

一夜才睡三小時？

別再吃了，符拉迪克。你不能吃太多！

可是我肚子餓啊！

好—那再吃一條鯡魚。

三個月下來，我天天只吃鹽漬鯡魚，不喝水，減重全為了。

而且體檢前幾天，不准睡覺，不准吃東西……

乖兒子——再來一點咖啡就好！

一天只喝一加侖咖啡強心。

最後，我去體檢……

這個很健康。

嗯！……

不行…總覺得他哪裡不太對勁。

年輕人，回家好好養身一年，然後再過來體檢。

隔年，父親又再一次逼我做同樣的事。
我求他饒了我，結果二十二歲進了陸軍。

等等，再談談
一九三九年
的事！

好。你看你，把我搞糊塗了。
...一九三九年，我們被送到前線，
在河邊挖戰壕躲。

本來一切平靜，後來接近早上，
我聽見槍聲，雙方都有。

一個軍官偷偷爬過來。

挖深一點，
不然會陣亡。

你的槍涼涼的！
你幹嘛不開槍？

我又沒看見能射的東西......

KPOK!
KPOK!
KPOK!

...我照樣挖深一點。
開火了！

*砰！
砰！
砰！

49

然後，
子彈朝我這裡飛來。

我再躲深一點，
停止射擊。

我幹嘛殺人？

可是，我看準星，
看見…一棵樹！……

而且樹會走路居然！

一定是我眼花了．樹怎麼會跑呢？

哼，東西會動，我只好開槍！

啊可！

樹舉起一隻手，表示受傷了，想投降。

但我一直開槍，射到樹完全不動了。不然誰說得準呢，搞不好他會對我開槍！

50

注意！所有戰俘必須將捐軀將士與
傷兵抬上在此等候的紅十字卡車。

你！你想去哪裡？

我…我剛好像在河邊
看到一具屍體！

我剛射中的那個躺哪裡，
我曉得。

有了。在這裡！

ER VERBLUTETE!
他在流血！

抱他去
卡車那邊集中。

他名叫楊恩……

…我曉得兇手是我。

我告訴自己：
「嘿，至少我
做了點事。」

52

53

另一個德軍帶我們四五人進馬廄。

這麼髒亂，看見沒？
限你們一小時，把這裡打掃得一塵
不染，聽懂沒！

一小時，不可能啊！

我們真的很賣命。不過，
一小時後……

怎樣！

還沒打掃
完嗎？

你們沒湯可喝了，懶雜種一群！

我們拚了命，趕在一個半小時做完。
啊，亞第，
你搞什麼鬼！

呃？

菸灰掉到地毯了。
你想把這裡搞成
馬廄不成？

糟糕。
抱歉。

弄乾淨一點，好嗎？不然我可
要動手親自。瑪拉她啊，
像那樣的髒亂，她一個
禮拜也懶得去碰。

她也曉得，我現在病了，
很難處理這種事。

好啦好啦。
弄乾淨了。

就這樣，我們在馬廄裡賣命，住了幾星期，然後被帶到一個更大的戰俘營。

哼，波蘭戰俘有暖氣屋可住。

對啊，我們猶太人被趕進帳篷裡受凍。

那年秋天冷得受不了。全歐洲結冰，凍得小鳥都從樹上摔下來。

想保暖，我們只有夏季制服和一條薄毛毯。

起碼也讓我們吃飽嘛。

別的戰俘一天有兩餐可吃。我們猶太人只分到麵包皮和一點點湯。

早安，符拉迪克。

你想去哪？

去河裡洗身子。

你瘋了不成。

喔，洗了比較乾淨！而且一旦凍過頭了，整天反而不覺得冷。

很多人生凍瘡，傷口化膿，膿裡長蝨子。

55

每天我洗洗澡，
做做體操，維持體力…
我們也每天祈禱。

通常我們下棋，
活化腦筋也打發時間。

每禮拜我們能寫信一次
給國際紅十字會。

Dear Anja,
I am fine.
I miss you.

我信仰堅貞，而且
沒別的事可做反正。

我用石頭和麵包屑
做棋盤。

只寫德文，
寫得字字謹慎。

寄信後，
我收到包裹……

我得知家人平安。
也因為我從來不抽菸，
菸被我用來換糧食。

情況延續了六禮拜
差不多，然後……

巧克力棒！
香菸！

果醬！

快來！
外面有公告！

對我來說太珍貴了，
這包裹。

徵 工 啟 示

戰俘可自願取代德國
勞工以參與前線勞動
工事，提供住宿，
配糧充足。

有詐！

千萬別自願！

非死不可的話，我們
還是死在這裡好！

不行！

當時我不認同！

我才不想死，更不想
死在這裡！
我想被當成人類一樣
好好看待！

56

同營見我站出去了，他們也紛紛去登記。

我們馬上被送去一個德軍的大營區。

我們被帶到舒服的木屋去，有湯喝，有麵包吃……

看！暖爐！

還有真格的床！

也有被單和枕頭！

整整一天，我們只休息，恢復體力。

啊——好久沒暖和了，也好久沒床可睡，像隔了好幾年那麼久！

對啊——挺好笑的，不是嗎？我們被徵召才不過兩個多月。

可是，符拉迪克，我擔心——德軍不曉得會叫我們做什麼苦工。

不要緊啦……

……總勝過蹲在帳篷裡生蛆。

也對。

隔天，我們領到鏟子和鋤子……

…全是我們從沒握過的東西。

苦工果然非常苦 —— 任務是移山。

山

谷

幾座小山有三四碼高，大概。我們的工作是把山剷平。

有些人發牢騷 —— 太老太衰弱的人沒法子應付：

我…我撐不下去了。

沒用的猶太人！

不爽就滾回戰俘營去。

不要緊啦 —— 我們會趁沒人看時幫幫你。

我們能幫就幫，可是 —— 你猜怎麼著？ —— 有些人回帳篷去挨餓受凍。

至於他們的下場怎樣，我不清楚了就。

最後還是有八成的人留下來。糧食夠吃，有暖呼呼的床鋪可睡。留下來比較好……

58

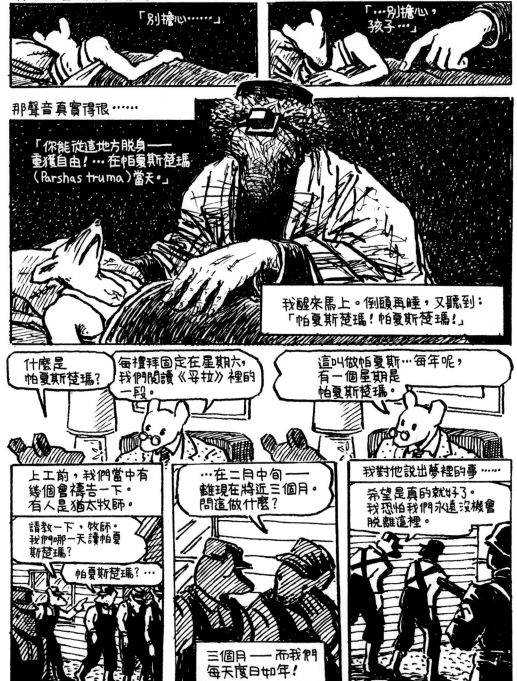

…每天總拖著累壞了的身子上床。有天夜裡，我作一個夢……

「別擔心……」

有個聲音在對我講話。我猜是外公托夢……

「…別擔心，孩子…」

那聲音真實得很……

「你能從這地方脫身——重獲自由！…在帕夏斯楚瑪（Parshas truma）當天。」

我醒來馬上。倒頭再睡，又聽到：「帕夏斯楚瑪！帕夏斯楚瑪！」

什麼是帕夏斯楚瑪？

每禮拜固定在星期六，我們閱讀《妥拉》裡的一段。

這叫做帕夏斯…每年呢，有一個星期是帕夏斯楚瑪。

上工前，我們當中有幾個會禱告一下。有人是猶太牧師。

請教一下，牧師。我們哪一天讀帕夏斯楚瑪？

帕夏斯楚瑪？…

…在二月中旬——離現在將近三個月。問這做什麼？

三個月——而我們每天度日如年！

我對他說出夢裡的事……

希望是真的就好了。我恐怕我們永遠沒機會脫離這裡。

就這樣，我們天天做苦工。一個禮拜接過一個禮拜，情況沒變。

後來，有一天……

來了好多蓋世太保和德意志國防軍。

看——軍隊！

注意！在路上排成兩行站好！快！

我們心情七上八下，不曉得德軍想怎麼對付我們。

我總躲在第二排。

（噗嘶——符拉迪克。）

我希望德軍少見我為妙。

有人溜到我旁邊……

牧師！你知道今天是什麼日子嗎？

禮拜六啊，當然。

不過，你知道今天是哪個禮拜六嗎？……

是帕夏斯楚瑪！

我們被趕到操場，照姓氏順序分桌子排隊……

姓名和軍階？

姓史畢格曼，名符拉迪克。下士。

釋放後的目的地？

索斯諾維茨……

德軍在這方面拿手得很……

…家裡有妻子和小孩。

…凡事做得非常系統化。

很好——在這份釋放表格上簽名。

…一天就全辦好了。

你是說，「帕夏斯楚瑪」夢竟然實現了？

是的——對我來說，這日子非常重大……

我後來查年曆，發現那星期是我和安雅結婚的同一個禮拜。

…也是戰後一九四八年你出生的那禮拜！……

後來，更與你在成年禮那禮拜六唱歌是同一星期！

隔天早上，我們人人收到紅十字送的包裹，被送上火車回波蘭。

路上，我和牧師坐一起。

孩子啊，原來你是典籍裡所謂的
「若厄漢諾列德」——未卜先知啊。

赫！這班車好像不停
索斯諾維茨！

見火車過站不停，我憂心忡忡
覺得。

是這樣的，納粹把波蘭分割成好幾塊：
一邊是領地，另一邊是德意志帝國，
中間是有衛兵防守的邊境。

火車穿越我家鄉那一區——
帝國區——一站也不停，只在領地靠站。

波羅的海

立陶宛

東普魯士

（俄國兼併區）

波蘭

蘇聯

德國

★華沙

盧布林

索斯諾維茨

克拉科夫

匈牙利

斯洛伐克

羅馬尼亞

帝國區：被德國併吞

領地：政府被德國控制

有克拉科夫通行證的
人出來！

後來，火車進華沙站，牧師下車了。

我會寫信給你。

可惜我從此沒有他的音信。華沙的
下場好淒慘，幾乎沒有人存活。

火車已經過了索斯諾維茨好久，一直一直北上，走得老遠——
大概三百英里吧——最後來到盧布林。從帝國區來的我們
這批乘客全被趕下車。

在盧布林，我們被帶到大帳篷…

在裡面坐。

最後，有幾個猶太幹部來見我們……

為什麼把我們關在這裡？

情況非常糟…在你們抵達前不久，有另一群戰俘也獲釋……

…兩天前，納粹趕他們進森林……

…全部槍斃──總共殺了六百人！

我們是下一批！

你不是說，你們這批戰俘獲釋了嗎？

沒錯……

國際法對波蘭戰俘有點保障。不過，你如果是帝國區裡的猶太人，任何人都能當街把你給槍斃！

63

然後，我們聽到一句話，心裡燃起小小的希望……

我恬得很。

我們剛聽有賠德軍，請他們讓戰俘走，好讓戰俘去投靠這附近的親戚。

我姓史畢格曼，家族有個朋友姓歐礪巴赫，住盧布林。我來這裡受軍訓時和他認識。

好！我們試試看能不能把你登記成他的親戚。

那一夜，我去帳篷外面……

屎急啊。

一個衛兵開始對我開槍。

我趕緊衝進帳篷……

整夜胡思亂想，擔心我們的下場。

後來，天剛亮……

史畢格曼！…
史畢格曼！…

符拉迪克！

歐爾巴赫！
好高興見到你！

十分鐘後，
我自由了！

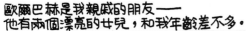
歐爾巴赫是我親戚的朋友——
他有兩個漂亮的女兒，和我年齡差不多。

不好意思，沒能好好招待你吃一頓，
符拉迪克——全盧布林猶太人分到的
糧票都少得可憐。

等一下，小姐們——
我有禮物送兩位……

我的天哪！
巧克力！

是我從紅十字送的包裹
留下來的。我老是省東
省西的…以防萬一！

最後，我回到索斯諾
維茨，我寄過幾個糧食
包裹給他們……

…有陣子，我們情況
稍微好轉…他們回信說，
好高興能靠我寄的東西
過活……

…然後他們來信說，
包裹被德軍沒收了。
後來，我不再收到他們
的信。
沒了。

在歐爾巴赫家，我借住幾天，休養身子。
可是，我坐不住啊。
我怎麼闖邊境回家呢？

火車仍在領地和帝國之間來去，只不過，沒通行證也沒輒，當然，而我沒通行證……

……不管了，我照樣搭上火車，朝我要的方向前進。

我去找車掌，他是波蘭人…

有件事想找你商量一下，方便嗎？

當然可以，阿兵哥。

你我是波蘭同胞，所以我信得過你…可惡的納粹把我關進戰俘營…我剛逃出來。

我還穿著陸軍制服，隱瞞自己是猶太裔的事實。

波蘭人非常痛恨德軍，所以講德軍壞話很爽。

我想回索斯諾維茨和家人團圓。

別擔心…火車到邊境時，你躲進這裡就好。

有車掌幫忙，我回到家鄉的那一邊。

……我以為今生見不到了。

我先走去我父母家。

不會吧！是符拉迪克！

我兒子啊！謝天謝地，你平安了！

吃了那麼多苦，你看來滿健康的！

我體格好，母親，可是妳怎麼像病了！

為你著急嘛。

不只是這樣。她其實得了癌症。

…一兩個月後，地過世了。她不知道的是，過幾天，情況會惡化到什麼地步！

咦咦，父親！你的鬍子！怎麼了？全刮乾淨了？！？？？

總有長回來的一天嘛…

他是個非常虔誠的猶太教徒 —— 像牧師那樣 —— 當然也一直留大鬍子。

九月，德軍在街頭抓走好多猶太人……

逼我們唱祈禱歌，嘲笑我們，打我們。

……放我們走之前，把我們的鬍子全部剃掉。

現在，惡魔也奪走我的碳酸水工廠。他們還——

夠了！

宵禁快到了，我得趕緊帶符拉迪克回去見安雅。

照規定，晚上七點，猶太人必須待在家裡，不准點燈。

67

從我父母家到索斯諾維茨，搭馬車一下子就到。

你進去說，你剛接到我來信說我下禮拜就回家。

我站在門外偷聽……

別開玩笑了！如果符拉迪克真的能回家，他一定也會寫信給我們！

驚喜！

我的天啊。

符拉迪克！

我把兒子抓過來抱。他兩歲半了。

里丘！

哇啊啊

他開始尖叫。

兒子啊，哭什麼哭呢？我是你親爸爸啊！

哇

油汙 鈕扣啦，你衣服有金屬鈕扣

爹地——好冰喔！

家裡多麼喜氣洋洋，我不用說，你也曉得。

68

儘管情況一切困苦——真的是一切都非常苦——全家能團圓，我們還是很快樂。

…不像現在的我和瑪拉。

＊耗子筆記

告訴你好了，假如安雅能活到現在，我的情況一定完全不一樣！

瑪拉把我給氣瘋了，她開口閉口是錢，老想討論我的遺囑——

拜託啊老爸…

你每次都講同樣的事。我又沒辦法幫你。

可是，找不到別人訴苦啊我！

何況，我把錢守好，還不都為了你！

天啊——下次再討論吧。我改天打給你！

而且時間也不早了，我該趁在「宵禁」前回家！

哼。

欸，我的外套掛哪裡？我明明掛進這裡啊！

69

那外套又舊又寒酸。我兒子穿那種外套，太丟臉了！

可是我喜歡啊！

我幫你找一件比較暖和的。我剛在亞歷山大百貨買一件新夾克，舊的可以送你；跟新的差不多！

來，試穿看看。

慘了，人造皮防風夾克。

而且太大了。

啊！穿在你身上，更顯得身價百倍！

爸，我都三十多歲了，你不能再這樣對待我。我自己的衣服自己選！

等你穿幾天，就曉得模樣多拉風⋯⋯來，我送你下樓。

亞第，你別忘了，這禮拜來通電話，我們再聊。

你真的把我的外套扔了。我不敢相信！

⋯⋯我真的不敢相信⋯⋯

第 四 章　殺 機 近 逼

木衣架

你來晚了!

哪有—— 我說我晚餐後過來。

新風衣

可是,外面天黑了都!我本來要你爬到屋頂上面—— 排水槽會漏水。

啊?

修那種東西,我又不拿手。你為什麼不請人來修呢?

嗯!

你和瑪拉!你倆都以為錢長在樹上。要修我自己修!

什麼鬼話!你身體不好,怎麼能爬兩層樓高的樓梯……

你請個工人,錢我付,怎樣?

算了—— 就當我沒提過!…進來坐吧,我想踩踩單車……

不然,我半夜腿會抽筋—— 你手裡是啥?

新買的卡式錄音機…用手記,太辛苦了。

你付多少?

才七十五塊!正好遇到特價。

咔,去克維茲店,頂多三十五元就有。

好了—— 閒話少說!談談一九四〇年你從戰俘營回家的事……

剛回家時，一切都跟我走時一模一樣⋯⋯

日子同樣過得奢華得很。德軍沒法子一口氣破壞所有東西。

總共十二人住在我岳父家⋯⋯

安雅和我，我們的兒子里丘⋯⋯

安雅的姊姊母霞和姊夫沃爾夫和女兒碧碧⋯⋯

另外有安雅的外祖父母。他們九十歲了大概，不過精神好得很。

另外當然有我岳父和岳母⋯⋯

也有你大舅赫曼和舅媽荷拉的小孩羅列克和羅妮亞。

赫曼和荷拉運氣好。戰爭爆發時，他們正好去紐約看萬國博覽會，躲過災難。

哇，外婆——妳燉的菜肉比我印象來得更美味呢。

沒那回事——跟戰前不同了，符拉迪克——我需要的食材找不齊全。

我們的糧票每人一天能領八盎司麵包，每禮拜有一點瑪琪琳、砂糖和果醬。其他全沒有！

那我們日子怎麼過？

我以前常捐獻給猶太社團，現在沃爾夫在那裡上班⋯所以我們能多拿一些。

另外還有黑市。只要有錢，什麼都買得到！

只不過很危險。稍微犯個小法，就可能被納粹抓去做苦工。

更慘的是，根本沒犯法就被抓走！

⋯而且被抓走的人從此消失不見！

4 紙牌遊戲。

隔天，我去摩茲尤斯卡（Modrzejowska）街，看到大家錢照賺──生意偷偷做──不太合法……

納粹逼我搬來這裡住公寓。
我幫納粹軍官做制服…
弄得到布時，我也另外做西裝。
你還在做生意嗎？

（噢──配給券換帝國馬克幣？）

符拉迪克・史畢格曼！

尤澤茲基先生！你來索斯諾維茨做什麼？

尤澤茲基是我的老主顧──全卡托維治（Katowice）最高明的裁縫師。

不知道。我剛從戰俘營回來。

這樣吧，你能弄到布料的話，就來找我。這字條你帶著，門房可以准你進門。

字條寫著，我是他的工作伙伴。有這種文件好辦事。

然後我去戰前欠我錢的店家……

可是，我現在沒錢還你呀！我的店被德國人占走了。還有工作可做，算我運氣好！

不然，免配給券預支我幾碼布料。

好，好。要藏進你衣服裡。

*布匹

我找尤澤茲基先生，麻煩你。

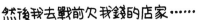

回家第一個禮拜，我就賺了一點小錢。

我記得岳父對我好滿意。

看吧，至少我們家出了一個聰明人。

我當然把半數收入暗藏起來，不然會被他們全花光。

不久後，我回到摩茲尤斯卡街，想免配給券
買些布料……

…整條街被納粹親衛隊封鎖了，
檢查所有人的工作證。

我事先不知道這事。

趕緊溜進屋子裡。

不過，還是有差不多
五成的人被抓走。

我告訴岳父……

我差點被逮到了！尤澤茲基的字條
不管用，我需要更夠力的通行證！

有道理。

來…我帶你去拜訪朋友。
他開一家錫廠。他的主管好像
能買通。

果然……

好，符拉迪克…
既然我們的產品供應德國使用，
我們可以幫你辦一張重點
工作證。

要記得，如果遇到圍捕，
趕快進這裡，
假裝在
工作。

我在這裡學到一些本事，
後來進奧斯威辛很管用。

就這樣，日子過了一年多。不過，情況是一天不如一天……

岳父新買一組高級寢具……

高級家具在店裡買不到了，缺家具的德軍到處進民房搜刮。

沃爾夫和我把所有貴重家具搬下樓，請波蘭鄰居藏好。

另外那張床留樓上嗎？

對。岳母病重，需要睡好床。

安雅的母親有膽結石。德軍進來的那天，她躺在床上。

求求你，不要搬走她的床——看看她，病成這樣。

醫生每天都來。

岳父有個老友，經常來打牌。

…結果，德軍什麼也沒帶走！

告訴你，我認識一個德國官員，肯付重金買全套寢具……

反正家具藏著也沒用，所以我們把東西搬上樓來賣。

你的家具品味不俗嘛，澤貝伯格先生。謝謝你。

我部下馬上回來，連你太太的床也搬走！

我們上次被你騙了，猶太！

等等！你還沒付我錢。

拜託，小命還要的話，趕快回屋裡。

後來他很不開心。很不開心！

有一次，我想去找尤澤茲基。那時好像是一九四一年尾，

…那裡正發生一件恐怖的事。

我不得不走的那條路很靠近現場。猶太人被抓走了，有沒有通行證都一樣！

我怎麼辦？

慢慢走，會被德軍抓走…

用跑的，會被德軍射中！

遠遠的，我看見尤澤茲基走在前面，我急忙衝向他。

哈囉！

史畢格曼先生！你來這裡幹嘛？沒看到狀況嗎？

快──我帶你上樓，等火車走了再說！

尤澤茲基住的房子很氣派。裡面的猶太人只有他一個。

就這樣，我和他們夫妻一坐就好幾個鐘頭，聽見槍聲和慘叫。

那一次，他救了我一命。

82

尤澤茲基有個兒子，和里丘差不多大，兩個小孩相處得多好，你不看不相信。

聽我說，符拉迪克…

我們的下場怎樣，說不準——不過，我們非讓小孩平安不可。

我有個好朋友，是波蘭人，他肯幫我藏小孩到風平浪靜。

…我認為，他也肯收你兒子。

對，你說的有道理。我跟家人討論看看。

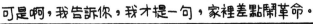

可是啊，我告訴你，我才提一句，家裡差點鬧革命。

什麼？你瘋了嗎？

把里丘送給完全不認識的人家，這種事你怎麼想得出來？！

我絕對不送走我寶貝。死也不要！

尤澤茲基夫妻沒有逃過戰火。

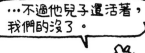

…不過他兒子還活著，我們的沒了。

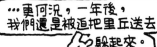

…更何況，一年後，我們還是被迫把里丘送去躲起來。

一九四三年，我們住猶太區（ghetto）時，妥霞帶所有孩子去──

等等！爸，拜託，年代不要跳來跳去，不然你愈講我愈糊塗……再多講一點一九四一和四二年的事。

那又怎樣？…好吧。我照你的意思講。一九四一年嘛？…一九四一年尾，德軍有新的宣布。沃爾夫從猶太社團跑回家……

看！這張在全城貼得到處都是。

命　令

索斯諾維茨猶太人全員必須在一九四二年元月一日移居至索斯諾維茨猶太區（Stara Sosnowiec quarter）。非猶太民眾將遷入空房舍。

我們全家老小十二人，只分到兩間半的小房間……

懸賞

未註冊猶太人舉報一人可獲一公斤砂糖。

多數人分到的空間更小。我們托了岳父和沃爾夫的福，他們能拉點關係……

不過，這還稱不上是真正的猶太區。你白天想去市區哪裡都行，只要晚上回家就好。

幫我按好梯子，安雅。

我想裝窗簾，多一點隱私。

妥霞堅持要住有窗戶的那間。

沒關係，符拉迪克。全家能住一起，我就滿足了。

奢華的日子不再。

有兩三個月，我在這裡黑市生意照做。後來，壞消息愈來愈多，很糟糕的消息……

怎麼了，父親？

我朋友納胡姆．科恩和兒子剛被逮捕。

有四個猶太人做無糧票買賣，被抓走了。

我常和科恩做生意！

德軍想殺雞儆猴！

隔天，我走去摩茲尤斯卡街，看到他們……

他們被吊死在那裡，整整一禮拜。

科恩的店賣的是乾貨，全索斯諾維茨都認識他。他常給我布料，免配給券。

我也和費佛交易。他擁護猶太復國主義，是個很不錯的年輕人，剛結婚。他太太在街上狂奔哭叫。

我嚇死了，好幾天不敢出門…不想經過他們被吊死的地方。

也擔心他們為了自救而向德軍出賣我。

啊。現在一想起他們，我還是想哭…看，連我這顆死眼睛也掉淚了！

這段時期，安雅都做什麼？

家事…編織…讀書…他老是在寫日記。

我小時候在家裡看過幾本波蘭文的筆記簿。是她的日記嗎？

是，但也不是。

她的日記沒躲過戰火。你見到的是她戰後重寫的東西：從頭到尾的完整經過。

我的天啊！筆記簿擺哪？我寫書一定用得著！

咳！拜託，亞第，別再抽了，害我喘不過氣。

是因為你踩單車吧！

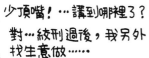

少頂嘴！…講到哪裡了？

對…絞刑過後，我另外找生意做……

……我開始買賣黃金和珠寶。

藏起來比布料容易。我把東西藏進嬰兒車，賺了一點錢。

有陣子，我也做食品生意，我沒告訴過你……

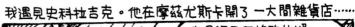
我遇見史科拉吉克。他在摩茲尤斯卡開了一大間雜貨店……

你是澤貝佰格的女婿，對不對？進來吧，等雨停再走。

於是，我們坐下來聊，他不時招呼顧客……

抱歉 —— 你的糧票不夠買半公斤砂糖。

她帶走半公斤照樣。我料想我能商量看看。

後來，我們再聊一點，他向我提議一件事……

我店裡有些「剩餘品」，也許你能幫我賣給附近小商店……
檯面下。

搬這些商品來來去去很危險 —— 不過，我說不定能碰碰運氣。

人肚子一餓，非找生意做不可……

有一次，我負責送十或十五公斤砂糖……

止步，猶太人！你捧著什麼東西？

我能怎麼說呢？講錯話，我真的會被吊死！

砂糖。

…我想送進我的雜貨店。
喔。你開店啊？

聽我這樣講，他們以為合法。

我去送貨地點，敲後門……
開門啊，波迪克！

…我帶我們的砂糖來了。
?!

結果他們放過我，連證件都不檢查！

87

有幾次，猶太警察找上門……

戶籍資料顯示，卡米歐夫婦住這裡。他們還沒去做運輸登記。

對——是我太太的雙親——他們一個月前不告而別了。

猶太警察？

對——還帶著大棍子。

有些猶太人的想法是這樣的：拱幾個猶太人給德軍，說不定能救更多猶太人。

最起碼也能救自己。

一個月後，他們又來找我岳父。

澤貝佰格先生，你們夫妻非跟我們來不可。

限三天，卡米歐夫婦再不出面，被帶走的人是你們兩位！

猶太社團的「保護」作用還有一點，所以只有他被帶走——妻子留家裡。

他寫說，我們應該交出老人家。即使這次只抓走他，下次老導也會被抓走，接下來其他家人也保不住。

他在那裡坐了幾天，然後給我們寄信。

結果呢？

結果呢？我們被逼得交出老人家啊！

他們以為目的地是泰雷津。

有什麼需要再通知我們！

他們卻直接被帶去奧斯威辛，進毒氣室。

你什麼時候第一次聽見奧斯威辛的事?

馬上就聽到了…

即使是從那裡——從另外那個世界——回來的人告訴我們,我們不信照樣。

後來,同樣的消息一直來,我們相信了才。再後來,我們看見了…甚至更慘的現象!

老人家被帶走後,狀況平靜了幾個月。
後來,猶太社團到處貼海報,到處演講……

＊公告

各位猶太同胞,八月十二日星期三,各位不論男女老少,健康不計,都要去丁斯特禮堂(Dienst Stadium)登記……

完蛋了!

這下子怎麼辦?

……用不著憂慮——只是檢查各位的證件,在上面蓋蓋章而已,以保障本地區的公民!……

我才不去。是納粹設的圈套!…

沒有一個人不擔心。

…我們的猶太委員會成了納粹幫凶。去了禮堂,人會出什麼事,只有天知道!

沒什麼啦,鄰鎮的猶太人也剛被檢查過證件。

總之我們非去不可。沒有合法證件,我們哪裡都行不通!

去也不是,不去也不是。

我父親六十二歲，他從棟布洛瓦
（Dabrowa）村搭街車過來。
村子在索斯諾維茨旁邊。

母親癌症過世後，他和我大姊菲拉
住一起，家裡還有菲拉的四個小小孩。

來，餅乾給你，里丘。是
菲拉大姑烤
給你吃的。
快謝謝爺爺。

符拉迪克，我想聽聽你的意見。
禮拜三我是
去禮堂好，
或是躲
家裡？

我不知道。我甚至不確定我們該
怎麼辦才好。…安雅的母親說她
不想去。她病了，很害怕。

至少安雅的父親、羅列克和我全在德國
人的木工廠上班。我們還有點保障。
可是，你沒工作，如果沒證件
就什麼都沒有！

嗯，親戚摩爾德凱說，他會去那裡負責
檢查證件。我可以帶證件去找他……
菲拉怎麼說？

她不確定…不過如果菲拉決定去，
我當然會跟她一起去。
可以再給我一
個餅乾嗎？

里丘！

我真的不知道該怎麼建議父親。

最後他還是去了。不去的後果
大家都怕。

全索斯諾維茨的猶太人幾乎都去禮堂，附近
村子的人也來了，總共兩萬五到三萬人大概。

91

大家都穿得好派頭，盡量顯得年輕能工作，希望護照上能蓋個好章。

大家集中在禮堂的時候，蓋世太保帶著機關槍，包圍著禮堂。

接著挑人，有些被叫去左邊，有些被叫去右邊。

以家族為單位，在桌子前排隊登記！動作快！

老人、小孩很多的家庭、沒有工作證的人，全被分到左邊！

我們懂了，事態非常不妙。

我和安雅來到我親戚坐的那桌……

啊，你在木工廠上班——去右邊站。

然後，我們的護照被蓋章，趕緊站到好的那一邊去。被叫去左邊的人全部沒章可蓋。

過了這一關，我們好高興。可是，我們又擔心了 —— 家人平安嗎？

看！爸爸在那邊，帶著羅列克和羅妮亞！

我們看見沃爾夫和芹霞。家人似乎沒事。

有沒有看見我父親？

我到處找不到父親。

後來，有人看見他，告訴我……
他也排到同一個親戚那桌，被分到好的一邊。

她被分到左邊去。
四個小孩太多了。

史畢格曼…去右邊。

然後輪到菲拉去登記……

菲拉！

我的女兒！
她有四個小孩要照顧，
一個人怎麼能應付？

結果你猜怎麼了？
他溜去不妙的那邊！

去那邊的人再也沒回家了。

被蓋章的人能回家。不過這下子，
索斯諾維玆的猶太人變得好少……

三分之一的人被留在禮堂…
差不多一萬人吧 —— 我爸也在裡面。

好了…夠了，今天。
可以了嗎，亞第？…

嘩──我踩太久了點。頭好暈。

躺下來休息一下看看。

訪問完了嗎？

嗯嗯。父親累壞了。他正在午睡。

他剛敘述索斯諾維茨所有人都拿護照去蓋章的那天。

禮堂那次嗎？對……我母親就在那天被帶走。

她和等著被驅逐的其他人，全被關進四棟公寓裡。公寓已經清光了，等著關人……

幾千人被硬塞進去……擠到有些人竟然窒息……沒東西吃……沒廁所。好慘啊。

有些人為了早點解脫，乾脆跳窗自盡。

天啊。

幸好我母親逃過一劫。她哥哥是猶太委員會的成員，把她藏進儲煤的地窖等所有人被帶走才出來。

然後他找我去那幾棟公寓，負責刷洗髒東西──嘔吐的穢物！糞便！我設法把她走私出去。

最後，她和我父親都被送進奧斯威辛，死在集中營裡。

你去哪兒？你還沒喝咖啡呢。

我剛想到一件事。我父親提到，安雅有寫日記的習慣，而我隱約記得在他書房的書架上見過。

不太可能有吧。有的話，我不會沒看到。

書房裡雜物那麼多，值得去找找看。

看看這麼多東西！…搭郵輪帶回來的舊菜單。…一疊松林大飯店的信紙……

不會吧！旱塌儲蓄銀行一九六五年的日曆留了四本……我敢說，他根本沒在那裡開過戶頭。

我被他氣瘋了！他去年住院，把塑膠水壺帶回家，甚至也不讓我丟掉！

他對東西的依戀比較深，不把人放在心上！

還能忍耐他多久，我真的不知道。真的。

我該回家了。下次再來找日記好了。

別走！把所有東西歸原位再走，不然我會被他念到臭頭！

好啦…好啦…別氣嘛。

第 五 章　　鼠 洞

嗯?

喂,亞第?我告訴你,你父親啊,我不知道該拿他怎麼辦——他剛爬上屋頂了!

呃?瑪拉?

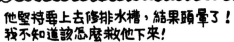

他堅持要上去修排水槽,結果頭暈了!我不知道該怎麼救他下來!

現在幾點?

現在他又想爬上去了!我該怎麼辦才好?!

拜託,不要大呼大叫。

乾脆打電話叫水電工吧?天啊,瑪拉,才早上七點半,英蘭和我熬夜到四點才睡耶!妳明知道我們都睡到——

喂?亞第?我是爸爸啦。

我告訴你,瑪拉快把我搞瘋了都!我在想,你要不要現在趕來皇后區,幫幫我。

什麼?你一定是在開玩笑吧!

想當年啊,這些事我全能自己來。現在呢,兒子,你得來幫忙我修排水槽!

呃——爸,等我喝點咖啡再回你電話吧。

咻。搞不好我剛在作夢。

什麼啊?又是你爸啊?

嗯哼。他要我過去幫他修屋頂之類的。可惡！即使在我小時候，我也討厭幫他修理家裡的東西。

他很愛炫耀自己多會修東西…喜歡證明我做的每一件事都錯。

他害我修東西的時候提心吊膽。

拜託，在我們搬進這裡之前，我連鐵鎚都沒有！我立志作畫的原因之一，就是他嫌畫畫不切實際──根本是浪費時間……

…進了美術這領域，我就不必再跟他競爭。

那…你去不去他家修屋頂？

不去──我寧願內疚！何況，我太忙了。花錢請人修理吧，他又不窮。

我剛跟隔壁法蘭克商量過，他同意這週末和我一起修。

太好了！

呃，喂，爸。聽我說…排水槽的事嘛…我可能沒法子去了。我──

怎樣？別來了亞第……

對。當然，最好是今天就能修好──不過起碼週末有人能幫我！

很好。

大約過了一星期，下午一兩點……

嗨，瑪拉。

哇！嚇我一跳，亞第。和你父親住一起，我的神經斷得差不多了。

我剛在樓下看到他，他好像有點不高興…是因為我上禮拜不來幫他修屋頂嗎？

不是吧…

不過，想維修這房子，以他現在的狀況太辛苦了。我一直叫他賣房子，搬去這阿密買間公寓。

他情緒好像很低落。

該不會是你以前畫的那漫畫吧？你畫你母親的那次。

什麼？

兩三天前，符拉迪克第一次讀到。

妳怎麼知道《地獄星球上的囚犯》？

我朋友露西有個兒子在念大學，讀遍了所有漫畫。他拿給媽媽看，他媽媽送我一本。

可惡！…

我知道你父親看了會傷心，所以我藏著。不知道怎麼搞的，竟然被他發現。

這故事是我好幾年前畫的。

收在一本名不見經傳的地下漫畫書裡。沒想到符拉迪克會看見。

PRISONER ON THE HELL PLANET

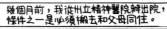

＊《地獄星球上的囚犯》個案史

堂哥帶我離開。

我帶你去醫生那裡……
你母親,她——呃——
病了! 醫生能解釋…

歐倫斯醫師住附近……

坐下。亞瑟……
我覺得,由我來說明
最合適……

你母親自殺了——
她死了!

我再也無法迴避現實——醫師的言語在我腦殼裡迴盪…我頭腦混淆不清。
我好生氣!全身麻木了!…我其實並不想哭。但我認為最好哭一哭!……

她死了!
自殺!

好了,好了,
小子……

讓他哭吧——
對他有好處!

堂哥帶我回家……
我父親整個人崩潰了!……

哇,亞瑟!為什麼?
為什麼?這麼大的悲劇!
連遺言都沒留!!!

竟然要我安慰他!

母親…
母親…

不知不覺中,葬禮安排好了……

…九百五十美元能買銅棺,
鋪著銅色的絨布——當然。
如果花兩千美元,我們
可以買……

護親至珍

那一夜很難熬……
父親堅持和我睡地板。
我猜這是自古以來的
猶太習俗。他抱著我，
整晚暗自呻吟。
我很不舒服…父子
都害怕！

隔天，在葬儀社的情況更糟……

父親努力克制情緒，禱告著……
我那幾天魂不守舍──照《西藏度亡經》
念經祭悼亡母！

「喔天賜之子……
穿越虛幻境地之際，
切記眾生一體……」

*意第緒文

我熱不下去──非走不可……

*安雅、安稚、安

*安雅

我們家的一位友人在走廊截獲我……

事到如今哭什麼哭！
要哭，母親在世時
哭才對！

我好想吐……愧疚感排山倒海而來！

*葬儀社

接下來一星期，我們以哀悼度日⋯⋯父親的朋友面對我，致哀的態度全挾帶敵意。

亞弟──我們好遺憾⋯⋯

都怪這個兔崽子！

他們認為全是我的錯！！

⋯⋯但多數時候，沒人打擾我，我能靜靜思考⋯⋯

更　年　期　憂　鬱　症

是希特勒手下的幫手！

媽咪！

膀佬

我記得最後一次見她的情景⋯⋯

⋯亞弟⋯

她進我房間⋯半夜三更⋯⋯

⋯亞弟⋯你⋯還⋯愛⋯我⋯對不對？

⋯我翻身不理她，討厭她對我發母威⋯⋯

對啦，媽！

⋯然後她走出去，帶上門⋯⋯

CLIK!

啊了!!

*咔嚓！

呃，媽，如果妳地下有知⋯⋯

恭喜妳！⋯⋯妳犯下了天衣無縫的刑案⋯

⋯妳害我淪落到這種地步⋯害我情緒短路⋯害我神經麻木⋯害我身心線路死亡交叉！⋯

⋯妳害死我了。媽咪，而且妳把罪全推給我，讓我擔罪！！！

嚷嚷什麼，小子！有些人還想睡覺啊！

© art spiegelman, 1972

天啊，我爸從來不讀漫畫…沒想到他會讀這本。

我的作品硬塞到他鼻子下面，他也不肯看。

可是，這本跟其他漫畫…

我告訴你，露西拿給我看的時候，我差點被嚇昏頭。寫得太…太私密了。

…不過也寫得非常正確…很客觀！辦完安雅喪事後，我常來這裡幫忙，當時情況就像你描寫的那樣。

亞瑟啊，我準備好了。

我們一起散步去銀行。

瑪拉剛告訴我，你讀過我的漫畫…主題是媽的那篇。

對。我在找你上次問的東西時看到的。呼！我見到你媽的圖，所以讀讀看…讀到哭出來。

我一…對不起。

你抒發抒發是個好事。不過，對我來說，讀到漫畫，好多安雅的往事回來了全。

…我當然老是想著她，不看你漫畫也一樣。

對，她的相片擺了你一桌子——搞得像聖壇似的！

不然妳要我怎樣，瑪拉？全丟進垃圾桶嗎？我桌上有一張妳的相片啊，不也！

啊！別想討好我了！

我和她的日子怎麼過，你看見沒？我做什麼都不對。

有沒有找到媽的日記？

我找過了，目前找不到。

我非要不可！

改天我再找看看。現在我們最好去銀行。

好

…我每天散步，不然腿的循環不好，我會抽筋——痛得很，害我睡不著。

不過為了心臟著想，我不能走太快。

去禮堂分左右邊站的那天之後，你和安雅怎麼了？

之後嘛，有陣子風平浪靜。然後在一九四三年，有個命令來了：索斯諾維茨所剩的猶太人全部搬去附近一個老村子斯洛杜拉（Srodula）。

至於原本住斯洛杜拉的波蘭村民呢，我們猶太人要掏腰包，幫他們搬進我們在索斯諾維茨的房子。斯洛杜拉將成為我們住一輩子的猶太村。

WOHNGEBIET JUDEN BETRETEN

我們家分到一棟小屋——空間比以前小，不過至少有地方可住。很多人住街頭只能。

＊德文：猶太住宅區入口。

107

每天，我們被載去索斯諾維茨，去德國「工坊」上班……

安雅和她姊妥霞，她們在服裝工廠上班……

我和外甥羅列克一起去做木工。

每天，衛兵叫我們走路去上工，大概走一個半小時。

衛兵是拿著大棍子的猶太人，動作跟德軍一樣。

＊猶太住宅區

…每晚，他們趕我們走回家，數人頭，鎖門不給出去。

符拉迪克！羅列克！趕快回家！

安雅！什麼事？

沃爾夫的舅舅培西斯來我們家了！

從扎維爾切(Zawiercie)？

對。他是那裡的大人物…是猶太委員長。

他要接沃爾夫、妥霞和碧碧去扎維爾切跟他住。

…奧斯威辛的事你們全聽說了。很慘,聽了也不敢相信。

不可能是真的吧!

能確定的是,儘管在猶太村日子難過,被遣送的後果更糟。

拜託!這種事,連提一提都觸霉頭!

聽我說,你們在這裡沒勢沒力,我在扎維爾切對德軍有點影響力…我可以買通他們。

我爸九十歲了,還跟我住一起…每次德軍來抓人,都有個親衛隊員護著他!

九十歲!那時是一九四三年。沒有別的猶太人能活到九十!

培西斯是個大好人 —— 我們猶太村的頭目摩涅克‧梅林只為他自己著想。……培西斯是真心想幫忙猶太人。

我可以幫沃爾夫、毋霞和碧碧弄證件 —— 羅妮亞和里丘也行,如果你們願意的話。

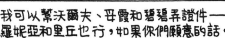

也好。小孩將來的日子比較好過。

一年前,我不是主張讓里丘跟尤澤茲基的兒子一起去避風頭!

符拉迪克,現在情況更糟了,我們想不出辦法來。

不行!我們家不能被折散!我們已經挺這麼久了。上帝還會繼續幫我們!

瑪特卡!要講求實際啊!

安雅的母親不喜歡面對事實。不過,她最後還是同意。

109

 就這樣，培西斯回去安排，然後又回來斯洛杜拉。

 他帶走沃鑷夫、牙霞和碧碧 以及羅列克的妹妹羅妮亞 以及我們兒子里丘。

我們看著他們的身影消失……

每次猶太村的情況惡化，我們老是說：「謝天謝地，孩子跟培西斯走了，很安全。」

那天是最後一次看見他們，不過當時我們不曉得。

那年春天有一天，德軍從斯洛杜拉送一千多人去奧斯威辛。

 多數是小孩 —— 有些兩三歲才。

有些小孩哭鬧個不停。

德軍只好抓起小孩的腿，往牆壁用力甩……

以那種方式，德軍對待還活著的小孩子。

 不哭不鬧了，從此。

 我沒有親眼看到，不過看到的人隔天告訴我，我還說，「謝天謝地，培西斯帶走我們的小孩，他們很平安！」

後來里丘
怎麼了？

啊！我們漂亮
的兒子。
很久以後我們
才發現事實。

里丘被送去扎維爾切幾個月後，德軍決定也解決
那裡的猶太區。

BANG
BANG

槍聲又來了！
怎麼一回事？

好可怕啊，
母霞！……

＊砰
砰

猶太區的蓋世太保被奧坡雷市(Opole)
的隊友取代了。他們剛槍斃培西斯和
所有猶太毒員！……

什麼？

他們正要疏散扎維爾切，叫我們
馬上帶行李去廣場，準備送
所有人走——去奧斯威辛！

哇我的天啊。

不要！

我才不進他們的
毒氣室！……

我的孩子也不進
他們的毒氣室。

碧碧！羅妮亞！
里丘！快過來！

你阿姨母霞隨身戴著毒墜子……
她不但自殺，也帶走三個小孩。

告訴你啊，那是悲劇中的
一大悲劇。里丘是個快樂、
漂亮的小男孩啊！

111

即使德軍牽狗來嗅，明知道裡面躲著猶太人，找不到照樣。

狗瘋了似的，上下跑來跑去，可惜煤箱裡只有煤炭，看起來滿了，搬不動。至於地窖，只不過是個地窖罷了。

可以去外面了嗎？蟲子爬了我一身都是，我受不了啊。

德軍正要走！

密室裡面有蟲。

我們糧食足夠撐兩三天。最好等情況穩定再出去。

我們躲過了幾次風波。可是其他人，他們沒有我造的這種密室可躲，被押走了一個個。

113

到了六月，猶太委員會的摩涅克和其他高官全被逮捕了。

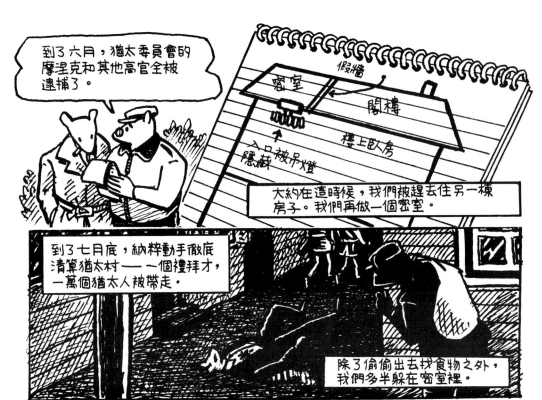

大約在這時候，我們被趕去住另一棟房子。我們再做一個密室。

到了七月底，納粹動手徹底清算猶太村——一個禮拜才，一萬個猶太人被帶走。

除了偷偷出去找食物之外，我們多半躲在密室裡。

羅列克！你沒事，謝天謝地！

外面簡直像戰場！

斯洛杜拉全村子幾乎一個人也不剩，不是被帶走就是被槍斃。

在猶太村裡，索斯諾維茲來的猶太人差不多一千個只剩。

還好，你帶回來滿滿一袋子…找到很多糧食吧？

只有幾個不新鮮的蘑菇…和幾本書。

書!?你有毛病不成？書又不能吃！

嗯

我們天天餓肚子，沒東西可吃。

有天夜裡，我們想溜出去找吃的。

看！有個陌生人！

!

我們拖他上來密室

你來這裡幹什麼？

我……我不知道這裡有人住！我只是路過進來休息一會兒。

我們夫妻有個嬰兒肚子餓，我出來找東西！

騙人！

說不定是線民。最保險的作法是滅口！

結果我們怎麼辦？我們同情他。

等到天亮，我們給他一點食物，放他回家……

猶太人，滾出來！

…當天下午，蓋世太保來了。

村子有一區被鐵絲網圍住，等於是猶太村裡的猶太村，我們被押進裡面的房子，被迫坐著等。

一起等的人大概有兩百個。每禮拜三，有箱形車載人去奧斯威辛。我們被逮到的那天大概是禮拜四。

安雅，快看！是我堂哥亞科夫‧史畢格曼。他在院子裡。

嘿！亞科夫！救命啊！亞科夫——救救我們！

符拉迪克？我怎麼救！

我比手勢，表示我能酬謝他。

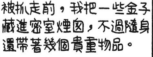

被抓走前，我把一些金子藏進密室煙囪，不過隨身還帶著幾個貴重物品。

好。別擔心！哈斯克會來救你！

哈斯克‧史畢格曼是堂弟。

就算你拿不出錢，他們難道會見死不救？我是說，你們畢竟是同一個家族的人……

哈！你不會懂的啦……

在那時候，我們已經不算親戚了。人人只能自求多福。

隔天，兩個女孩搬湯桶進來，身為猶太警察長官的
哈斯克也來了。

他把兩個女孩支開
去伙房。

（符拉迪克，我能救你們夫妻出去，
甚至也能救你外甥。不過，你岳父母
太老了，絕對通不過衛兵那關。）

求求你！
我們能好好
報答你。

快，孩子，跟我一起
搬空桶出去。

我們望著窗外的羅列克走了。

我的天啊，
符拉迪克……

你一定要把我和你岳母救出
去。把這金錶送給你堂哥，
這顆鑽石也送——什麼
都行！

當然，
我盡力
就是了。

隔天，安雅和我搬空桶，通過衛兵。

禮拜三，箱形車來了。
安雅和我看著她父親在
窗前扯頭髮痛哭。

哈斯克收下我岳父的珠寶，
但他沒救他們出去最後。

他是個富翁，可惜錢再多也
救不了他一命。

117

118

米洛赫——關照堂弟筰拉迪克一下。

榮幸。

他名叫班,可以教你如何為德軍靴子換鞋底。

哈斯克有兩個哥哥——培沙赫和米洛赫。培沙赫也是空鄙奈特人。不過米洛赫卻是正直的好人。

我們為你保留這工作台……

你不必整天坐著,不過德軍委員會一來督導,你得趕快坐過去裝忙……

有時候,我在猶太區有其他工作……

對了!我想起一件事……

把我們抖出密室的那傢伙,記得嗎?…

呃,埋葬他的人是我……

嘩!這是向蓋世太保檢舉我們家的叛賊。

他被槍斃了!

哈斯克牽線解決他。

唉?他死了,怎麼眼皮還開著?

他死前掙扎了一陣子。

我碰巧在勞動小組裡,所以…我埋葬他。

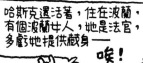
哈斯克還活著，住在波蘭，有個波蘭女人，她是法官，多虧她提供藏身——唉！

我的心臟一亞弟！快！從我口袋拿一顆耐絞寧藥丸。

來…給你…你還好吧？
呼咻

我……我現在沒事了。等我再喘幾口氣就好。
我們去門階坐坐吧。

放輕鬆。暫時別講話。
呼！剛走太急了我！

謝天謝地，幸好有耐絞寧，現在完全好了！我剛講到哪？
你確定你沒事？

呃……你剛說到哈斯克逃過戰火。
對。幾年前我甚至寄包裹送他禮物。

禮物？為什麼？他聽起來像個大爛人！
對。我也不曉得為什麼就寄了。

告訴你，有一次，我在猶太區走動……
止步，猶太！

出示你的身分證——不然把你頭殼轟爆。

啊。原來你是大名鼎鼎的史畢格曼家族的成員……你可以走了，代我向哈斯克問好。

……哈斯克交對了朋友。

120

後來，我告訴哈斯克和米洛赫這事。

你運氣太好了，符拉迪克……

他號稱「槍手」啊。他每天隨便槍殺一個倒楣猶太人，只為了好玩。

嘿！你不想去培沙赫家買蛋糕嗎？

蛋糕？

幾年來，連麵包幾乎都看不到，哪有蛋糕可賣！

不可能！

他在開玩笑。

蛋糕！

不過，堂弟培沙赫的確有蛋糕可賣！買得起的人，全排隊想來一塊……

看起來好可口。

培沙赫，你怎麼弄到蛋糕的？

猶太人被送去奧斯威辛以後，我的手下去搜他們家。

培沙赫和哈斯克一樣是猶太警察。

在這家找到一點麵粉，在那家找到幾克砂糖……我全留著！

他是哈斯克的哥哥，卻也同樣是空奈特人。

我們家芮英卡廚藝多厲害啊你不是不曉得……嚐嚐看！一塊只要七十五波蘭幣。

我還有點積蓄，所以買給安雅和我吃。

可是，後來，整個猶太區都病了，你很難想像……

原來，培沙赫搜到的麵粉，有些根本不是麵粉，而是洗衣粉，被他糊塗拿去做蛋糕。

噢！

呻吟

噯！

好痛！

……我們所有人都病得不成人形。

戰前，培沙赫在札科帕內鎮（Zakopane）開一家度假旅館……

在當時，他也老是搞詐。

那時規定，所有住客要繳波蘭重稅……所以培沙赫收賄，不登記他們入住。如果有人來督察，客人得躲起來。

有一次，他太太做的點心不夠所有人吃……培沙赫只好衝進飯廳喊：「督察來了！」

督察當然沒來。不過，有四成房客趕緊開溜……這麼一來，培沙赫有足夠點心給客人吃，甚至有多餘留到隔天！

來。

你真的又能走了？

對，坐這裡太髒了！……不過，說真格的，假如我身上沒帶硝絞寧，剛才完蛋了就。

米洛赫・史畢格曼——他和妻小活到戰後，移民去澳洲。大概五年前，他心臟病大發作……

去年，他在南上又發作了，像我剛才……可惜他沒帶藥在身上，妻子跑去找藥房。

回來時，米洛赫死了已經！

嗯？人生無常啊。

不過我還是趕快講完斯洛杜拉村的那段，因為銀行快到了。

SALE

＊特價

122

到了一九四三年底，每禮拜三，被箱形車運走的人愈來愈多，從斯洛杜拉運到奧斯威辛，最後剩下少散幾個。

可能快輪到我們了，對吧，符拉迪克？

但願不要，米洛赫。

哈斯克聽說，剩下的人隨時可能全被運走。

米洛赫帶我去鞋廠。

時辰還早，裡面沒人……

哈斯克打算把自己偷渡出猶太區。培沙赫和我也有盤算……

有一山的鞋子堆到天花板那麼高我們移開幾個鞋子……

他帶我鑽進隧道……

除了安雅和你外甥，不准你告訴別人。

……鞋子堆成的隧道！

隧道盡頭是一間密室……

要準備在緊要關頭時，帶他們過來！

不可思議！

裡面萬事俱備，能躲十五、十六人。

…不過，安雅和我去和羅列克討論密室計畫時……

謝了，我不想，算了！

可是，米洛赫己經全安排好了。

躲來躲去，煩死了！

我們外甥當時十五歲才，職業是電工。

羅列克老是有點瘋癲……

我是個專業電工，不管被帶到哪裡，我都不會出事。

你瘋了！你會被直接送進人肉烤箱！

下一班前往奧斯威辛的車上的確有他。

安雅整個人陷入歇斯底里。

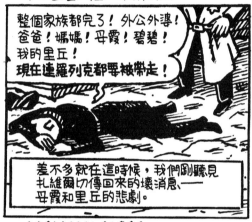

整個家族都完了！外公外婆！爸爸！媽媽！母霞！碧碧！我的里丘！現在連羅列克都要被帶走！

差不多就在這時候，我們剛聽見扎維爾切傳回來的壞消息——母霞和里丘的悲劇。

噢上帝，讓我也死吧！

安雅，來嘛，起來！

拉我幹嘛啊，符拉迪克？少煩我！我不想活了！

不行，親愛的！死太簡單了……

妳一定要為求生而奮鬥！

我們一定要奮戰到最後一刻！我需要妳！

妳到時會明瞭，我倆合作才有活命的機會。

我這麼告訴她老是。

正如米洛赫説的，猶太區被清光了。我們大概有十二人，跟他衝進密室。
他太太和三歲兒子也跟進來。

谷恰，妳最好叫小孩安靜！

哇！我肚子餓啊！

最好用棉被蒙住他，等他不哭再説。

噓。

培沙赫和其他人躲在鞋廠另一區的密室。

成天沒事做，躺著挨餓，只能。

日日夜夜，安雅坐著寫筆記簿。

有了！我在石牆鑽了一個小洞，看得見士兵。

衛兵四處找躲起來的人。

我們糧食不多，很快就吃完了。

喔⋯但願有麵包吃就好了⋯但願有麵包吃⋯但願——

閉嘴！
誰不餓啊？！

夜裡，我們偷偷出去找吃的⋯可惜找不到。

來，安雅——這給妳嚼一嚼。

你找到食物了？

我們沒人餓到這種地步。

只是木頭而已。
不過嚼一嚼，就有點像有東西可吃。

125

一陣子後，培沙赫從他的密室過來……

你們傻到願意躺這裡餓死，我可不要！……

我聯絡到一個衛兵。他答應睜一眼閉一眼，不過價碼很高。

明天有群波蘭人上班會經過斯洛杜拉，我們可以混進去……

肯出錢的人可以跟我們走。

我們這間密室的人很多都說好。

米洛赫和我不答應。我們信不過德軍。

我們密室裡的一個人名叫阿夫藍姆，他過來告訴我…

「符拉迪克，你想出去的時候通知我一聲，這樣我才知道外面很安全。」他和女友想付我錢給建議。

他們仍有兩支錶和幾個鑽戒。我不想收。他們留著能保命。

所以我只收下小手錶。

隔天一大早，一群人走出去。

我躲在轉角後面站，聽見好大的槍聲，不敢去看發生什麼事……

TAKKA TAKKA TAKKA

※噠噠 噠噠噠！

他們交出錢，通過衛兵。

我拔腿趕快跑回密室。

只剩我們幾個了。

衛兵哨連續兩夜沒亮燈了……我認為平安了。

破曉前，我們從斯洛杜拉村出發……

他們全走了！

嚇

猶太區成空城了！

我們事先安排一些像樣的衣服和證件。

我們混進上班路過的波蘭人。

我們會去這地址躲。符拉迪克，等你找到安全的地方，盡量聯絡我們一下。

祝你好運，米洛赫。

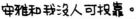

所有人分頭走。

阿夫藍姆和女友去投靠朋友。

朋友是收容他們了……不過後來阿夫藍姆沒錢了，就被朋友檢舉。

安雅和我沒人可投靠。

我們朝索斯諾維茨的方向走——能去哪裡？！

我們沒地方可躲。

史畢格曼先生，能為您服務嗎？

這位是我兒子亞第。請你給他一支鑰匙，方便他也能開我的保險箱。

127

萬一我出事，你一定要趕來這裡盡快。所以我安排這支鑰匙給你。

拿走保險箱裡所有東西，不然可能全被課稅，或者被瑪拉搶走。

拜託，爸……

談你遺產的事，只會讓我不舒服。

現在你夠大了，我們非為這些事情設想不可。

你有的是存款，為什麼不及時行樂？

我把你這支鑰匙放進我書桌抽屜。不然只會被你搞丟！

看看這裡面有什麼？這菸盒和這女士化妝盒——十四K金都是。

嗯嗯

在斯洛杜拉的吊燈密室裡，我把這些帶在身上。

真的，你怎麼可能還有？

被蓋世太保查到時，我趕緊把幾個東西丟進煙囪……萬一其他珠寶被沒收，至少這兩個東西還有救。

一九四五年，我離開集中營後，我溜回去斯洛杜拉，然後半夜趁屋裡人睡了，從煙囪底部挖出這些東西。

天啊。

這鑽戒，看見沒？我們剛到美國時，我送這給安雅。

在你很小的時候，安雅就希望這戒指能留給你老婆。

不過，如果送你，瑪拉會把我搞瘋。所有東西她全想一把抓。

我在以色列有個弟弟，瑪拉也不肯分他半毛錢，你也沒份——她已經逼我改遺囑三次了。

別這樣嘛～瑪拉還不錯！

你哪曉得！我上次心臟病發作，還躺在病床上，她就又開始吵著改遺囑！

我說，「瑪拉，妳沒看到我病多重。別吵了吧。妳要我怎麼辦？」

她聽了大叫，「我要錢！錢。錢！」

為什麼啊，亞第？我幹嘛再娶啊？

唉，安雅！安雅！安雅！

別激動嘛，爸…我們回家吧。

129

第六章　捕鼠器

我又去看父親……

有人在家嗎？
門沒鎖，所以
我……

咦？瑪拉？
妳怎麼哭了？

沒事。(抽泣)
我不知道。

告訴你好了，
我沒法子應付
下去了！

又怎麼
了？

你父親啊！他把我當成
女傭看待……被當成
護士更糟！

至少女傭有休假日，
也有薪水可領！

他一個月只給我五十元。
我想買絲襪，還得自掏存款買！

呃…
他沒變……

我讀中小學時，每次要買文具或
新衣服，媽總要連吵帶懇求，連續
幾個禮拜，他才肯吐出一點錢！

我想跟他爭，他就哼哼哎哎起來，
好像心臟病又要發作似的。

是真是假，我無法分辨，
只好不再跟他吵。

我覺得像在
坐牢！

我覺得快爆炸了！

我想喝果汁。妳要不要來一杯？

不用了。我告訴你一件事——我們結婚不久，我想買衣服……

那時候，安雅過世一年半了。他帶我去她的衣櫥，說：「這些全給妳穿！」

我說我才不想碰她的東西！

……天啊，結果他囉嗦好久！我發誓，有時候我認為他娶我，是因為我的尺寸和安雅相同！

他一直都——嗯——很務實。

務實？小氣才對！！連掏五分錢，他都喊痛！

嗯嗯

我以前以為，戰亂才把他搞成這樣……

什麼話！我不也蹲過集中營？

我們的朋友全部都蹲過集中營。沒有一個像他那樣！

唔…

…為了出書而訪問他，我也在煩惱一件事……

老猶太人常被種族歧視者罵吝嗇鬼，在某些方面，他正符合這種印象。

哈！我舉雙手贊成！

我嘛，只想據實刻畫我父親而己！……

他也捨不得為他自己花一毛錢……

他的帳戶裡存了幾十萬，生活卻跟乞丐差不多！……

你看！他從公廁帶紙巾回家，這樣就不必買餐巾或衛生紙！

要是我能趁媽在世時聽聽她的說法就好了。她心思比較細膩……能讓我寫的書平衡一點。

你母親！……

…我真的不知道她怎麼和他一起生活……

…我也不知道我怎麼受得了！

怎樣…嗨，「孩子們」…

不曉得你們在樓上。我剛在樓下花園澆花。

瑪拉和我剛在討論我的書……

我己經簡單畫好幾部分。我拿給你看。

…看，這裡畫的是在索斯諾維茨被吊死的黑市猶太人……

啊。

這裡你說：「啊。現在一想起他們，我還是想哭！」

對啊，我還是想哭！

這書很寶貴。平常不讀這種故事的人會感興趣。

對。我從來不讀這種漫畫，連我也感興趣。

你當然有興趣嘔。寫的是你的故事啊！

對。故事我全記在心裡了，連我都有興趣！

應該會很轟動。

對。將來你會大紅，紅得像…那個叫什麼名字來著？

嗯？「紅得像那個叫什麼名字來著？！」

你曉得嘛…那個響叮噹的卡通大師……

你知道哪個卡通大師？……華德‧迪士尼？？

對！華德‧迪士尼！

咦？你想去哪裡，亞第？

……去找鉛筆……這段對話非寫下來不可，否則會忘記！

來，大家一起去逛花園…樹叢長得多美，你看了才曉得。

你們去吧！我該準備出門了…

…我跟美髮師預約時段了。

又去找美髮師？妳上禮拜不才去過！

去見美髮師，比見我更常！

看到沒？每次我想出去幾分鐘，他就念我！

他要我聽他指示，隨時待命！

我講的話有那麼難聽嗎？相信我，去逛花園吸到的新鮮空氣，比見**一百個美髮師**還多！

好了。符拉迪克。別再說了！

她的嘴臉，你看見沒？我拿她沒辦法。

好了啦，爸。我們去花園坐坐。

我只對她吐一個字，她馬上想吵架！

她說她想離開我！我對她說：「想走？門在這裡。不過，妳可要記得，這一走，只出不進……不准再回來！」

雅尼娜住那棟。

里丘的保姆總說她能幫我們。

她家在索斯諾維茨郊外……

開門啊，雅尼娜！快！

誰…是誰呀？

我的天！是史畢格曼夫婦！

你們會惹麻煩上門！快走開！

*轟

SLAM

我好害怕，符拉迪克。

不如去試試我父親的老家。長工認識我們家好多年了。

我們去試一試。一定要在天亮前躲好！

我比較安全些，因為我穿的外套和靴子，和蓋世太保的便服很像。不過安雅——以她的外表，比較容易被認出是猶太人。我為她擔心。

醒醒啊，魯考斯基先生。讓我們進去。求求你!!

呃？誰…誰呀？

安雅！安雅‧潭貝伯格！

你來做什麼，孩子？這裡不安全。等一下——我去開院子門鎖。

138

穿越方院子，去後面的小屋。我待會兒送食物給你們。

謝天謝地，世上仍有善心人士。我還以為—— 一個女猶太！

方院子裡有個女猶太！警察快來啊！

快！

有個老巫婆從窗戶認出安雅。

我們衝進小屋，躲進乾草堆。

現在沒事了……

好像沒人聽見她……反正她有點老人癡呆。

不過，你們最好找個更好的地方躲。這裡遲早會有人認出你們！

天快亮了。妳在這裡等。我出去探勘情況。

當…當心點。

我走出去，但不曉得該往哪裡走。

*叩叩

CLIK CLIK

不久我聽見有人在跟蹤我。

139

我放慢
腳步……

*叩叩

CLIK
CLIK

背後的人也放慢腳步。

我腳步
加快……

CLIK

對方也加快。

四處沒其他
人的時候，
他開口了…

AMCHA？

這是希伯來文，指的
是「祖國？」

要不要回應他呢？

A-AMCHA．

我就知道你是
猶太人。

…我也是猶太人！
我們猶太人所剩
無幾了……

…我太太和我在索斯
諾維茨躲了一年多。

我太太也和我在一起。我們肚子餓，
想找個地方躲！

去迪科塔（Dekerta）
街八號的黑市。

我離開他，直接去迪科塔街八號。
那裡有個很大的方院子……

？

前後左右沒見人影。

噗嘶！

！

要不要買免糧票食品，
先生？

她亮出香腸、蛋、起司……
全是我作夢才見得到的東西。

♪

我買了東西，急忙
回去找安雅。

早安。

符拉迪克！你怎麼拖這麼久。

我去買早餐！⋯想不想吃香腸？⋯或難蛋？⋯或者，妳比較想吃巧克力？

什麼？

天上掉下來的！你怎麼買得到？

我會變魔術！喝點牛奶。

我回去迪科塔街，拿首飾換馬克幣，用馬克幣買食物，或找地方躲。

這一次比較熱鬧⋯⋯
我甚至認出戰前我認識的幾個猶太男孩。

符拉迪克・史畢格曼？！我差點認不出是你。你還活著啊？

里歐？對，我和安雅在一起。

我們想找個地方躲。

找卡帝卡太太看看吧？

她在市郊有個小農場⋯⋯

說不定能收容你們，如果你有錢的話。

卡帝卡農場離市區不遠⋯⋯

好吧，史畢格曼先生。你們夫妻可以住我的穀倉。

我們今晚深夜過來。

不過，你可要記得，如果被人發現，就說我不認識你們！⋯⋯
你千萬要說，你見穀倉門沒關好，所以自己偷溜進來住。

別擔心⋯我們不會背叛妳！

天快亮，卡弗卡太太進來擠牛奶，順便送咖啡給我們。

你想去哪裡？
去迪科塔街。

不能又丟下我。你不在的時候，我好害怕。

就這樣，我們來和卡弗卡家的母牛住一起。

別擔心，安雅。我不會出事的。我如果不出去，我們沒東西可吃……也不會找到這地方！……

何況，冬天來了，我們該找個更暖和的地方……最好能離開索斯諾維茨……

我……我沒事。快去快回。

我常搭街車進市區。

街車分兩節，第一節只坐德軍和官員。第二節只坐波蘭人。

我總是直接坐上官員車廂……

希特勒萬歲。

＊猶太
前往

德軍不理我……在波蘭人車廂，猶太人一上車，他們就嗅得出是波蘭猶太人。

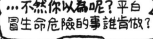

* Ich bin：我是，Du bist：你是，Er ist：他是。

我們可以朝索斯諾維茨走——至少我們認得路。

安雅怕到渾身發抖。

鎮定一點——假裝在散步……講德文。

我們走了好幾小時。

*上：我們去拜訪卡弗卡太太。下：好主意。

B-BESUCHEN WIR DOCH FRAU KAWKA.

GUTE IDEE.

符拉迪克，有人在跟蹤。

別緊張。

我們轉個彎，他們也跟著轉彎。

ES IST KALT.

JA. JA.

*上：好冷。下：對，對。

當然被我料中了——他們不是在跟蹤。

呼

散散步而己。

整晚待在街頭太危險…進那工地躲一陣子吧。

好——我累了。

工地有個地基挖得很深……

當心！

我跳下去先，疊磚頭，讓安雅走下來。

受凍在裡面躲幾小時，等天亮。

146

天開始透光……

來。如果到街上和民眾混一起，就不會引人注目。

我好累好冷……

現在可以休息了。

我們終於回老地方，進去和牛住一起。

後來，卡弗卡太太進來……

誰……誰在裡頭？

史畢格曼夫妻……我們沒別的地方可去。

呃…你們可以留下來。不過，要記得，我不知道你們躲在這裡！

怎麼了，史畢格曼太太，妳在發抖啊！

妳可以進我家坐一個鐘頭，暖暖身體。

她帶安雅進屋裡，端食物給我吃……那些日子，我體力不錯，整晚坐雪地也不成問題……

不可能到處情況都這樣糟吧！再大代價，只要能離開波蘭，我都願意付！

這個嘛，我收留你們之前，有個年輕人和他兒子住我這裡……

我認識的兩個人，把他們偷渡進匈牙利。聽說父子倆在那裡日子過得不錯。

匈牙利！真的?!介紹我認識那兩位蛇頭！

147

她告訴我，這兩位朋友禮拜四晚上常來她家⋯⋯這天大概禮拜一⋯⋯

我不懂⋯⋯匈牙利不是和波蘭一樣危險嗎？

錯。有很長一段時間，猶太人在匈牙利比較安全⋯但後來呢，大戰接近尾聲的時候，他們也全被運去奧斯威辛。

我在集中營，親眼看到了。好多人，幾十萬猶太人從匈牙利來⋯⋯

人好多好多，多到屍體塞不進人肉烤箱甚至。

不過在當時，我躲在卡帶卡家那時候，我們根本不清楚狀況。

所以⋯隔天，我去迪科卡街買糧食⋯⋯

天啊！天啊！史畢格曼先生。你還活著！我好高興看到你！

摩托諾瓦太太！

我想找人收容我們，卻沒想到會再找到她。

讚美聖母啊。你沒事！那天趕你們夫妻走，我好愧疚，晚上都睡不著。

蓋世太保根本沒來我家。都怪我窮緊張一場。請回來我們家住吧。

安雅很高興能回來。摩托諾瓦太太也是⋯我一直都慷慨付她錢。

同一天夜裡，我們向卡帶卡太太道別，回到秀畢尼查。

回來沒多久……

呃，我先生來信說，他快回家放假十天了。

如果被他發現，他會把我們全掃地出門。不過，別擔心……你們可以躲進地窖，不會有事的。

…我在地窖鋪了一個床墊。我有機會就下樓。

日日夜夜，我們被鎖在一個儲藏間裡坐……

白天我們不敢呼吸——因為常有人下來開他們的儲藏間。

夜裡，我們可以稍微走動，不過，儲藏間裡另有怪東西……

哎呀！

怎……怎麼了？

這……這下面有大老鼠！

噓——鎮定點，不要亂叫。

不是大老鼠啦。牠們滿小的。先前有一隻從我手上跑過去。錢鼠而已啦！

當然，其實真的是大老鼠。我只想安她的心而已。

149

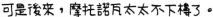

所以禮拜四那天，我走路去搭街車，去索斯諾維茨找
卡弗卡太太。

路過一群正在玩的兒童。

小孩哭叫著跑回家。

救命！媽咪！
猶太人！

猶太人！

媽媽們連忙衝出來看
發生什麼事！

做母親的人常說：
「要小心喔！猶太人
會抓你進袋子，然後
吃掉你！」……
這樣子教小孩。

我走向他們……

希特勒
萬歲。

如果我跑走，他們會認為：
「沒錯，果然是猶太人。」

別怕，小朋友。我不是猶太人。
我不會傷害你。

抱歉，先生。小孩不懂事嘛…
希特勒萬歲。

幸好我脫身了……

但那次經驗害我
頭髮掉不少。

151

來到卡帕卡農場時，兩個蛇頭已經坐在廚房……

請去另一間等一會兒。他們待會能見你。

曼德邦先生！

符拉迪克·史畢格曼！

曼德邦戰前開一家糕餅鋪。

安雅和我常去買糕餅。他以前是索斯諾維茨鉅富。

這是我太太……你認識我外甥吧……

哈囉，亞伯罕。你們來這裡做什麼？

在猶太區的時候，亞伯罕是猶太委員會的要角。

我們想離開波蘭——

——去勾牙利?!對。我和安雅也有意做同樣的安排！

蛇頭向我們提出他們的作法。

…然後到邊境時，我們的伙伴會帶你們翻山。

哇——有風險而且非常貴！

我們彼此講意第緒文，不讓波蘭人聽懂。

NIE, VAS DENKST DIE?

YECH KENN DIE FRAU KAWKA, UBER YECH BIN NISH ZICHER VEGEN DIE ZWEI.

你意下如何？

我認識卡帕卡太太，但我不太確定這兩人。

HERR MECHTSE! YECH GEI KOIDEM MIT ZEI. AZ ALLES VET ZEIN BESEDER, YECH VIL SCHREIBEN TSE DEYER.

聽我說！我先去。如果一切順利，我會寫信通報你們。

其他人想再考慮考慮，但我準備現在就走。

好，好。

我同意回來這裡和曼德邦再商量。如果亞伯罕來信報告好消息，我們就出發。

不過，我對安雅提起這計畫時……

不要，符拉迪克！你發瘋了！這太危險了！

可是，如果我們接到亞伯罕的信——

我們在這裡很安全——忘掉匈牙利吧！

可是，假如蓋世太保進來查違禁品呢？……假如鄰居從窗外注意到我們呢？……

我不去就是不去！

假如她丈夫發現我們呢？即使小孩能守口如瓶也一樣！…這場戰爭可能再拖四、五年。我們的錢花完了，到時怎麼辦？

求求你！

到了匈牙利，我們又能自由走在街上，像人一樣…我一直都好好照顧妳——信任我。

我好害怕三嗚泣三

別去，史畢格曼先生——真的不安全！這些蛇頭，你對他們完全不瞭解。

（抽泣）就像跟牆壁講道理似的。

除非朋友來信報平安，否則我們不去。

你這一趟讓我擔心到作惡夢——拜託，住下來，不要走！

抽泣

咦——你去哪裡？

——去拜訪我堂哥，看看他躲在哪裡。如果我們真的偷渡去匈牙利，他住妳家說不定比較好！

米洛赫在斯洛杜拉村救過我。現在如果他有需要，我或許能回報。

153

米洛赫老家的女長工這時藏匿米洛赫家人，不過——哇塞——他的狀況糟到我意想不到！

我搭街車去找長工。

哈囉——我是米洛赫的堂弟符拉迪克

對。他說你可能會來。

我樓上有客人，要等他們走，我才能帶你去見米洛赫。

各位紳士，這是我堂弟符拉迪克。

嗨，堂弟，來喝杯酒。

我們聊起天，他們相信我是她堂弟。

伏特加快喝光了。梅因卡，再來一瓶。

已經沒有了。

什麼話！她藏著伏特加不拿出來！

就像她把猶太人藏在院子裡一樣！

長工和我嚇呆了……

再不馬上拿一瓶擺桌上，我們就去跟蓋世太保檢舉妳私藏猶太人！！

別…別激動嘛，各位。

我這裡有點馬克幣，梅因卡，妳快下樓去，幫我們的朋友再買一瓶。

好小子。打嗝

十五分鐘後，她帶一瓶酒回來，大家都高興了。

看到沒？妳堂弟懂得怎麼招待客人！

祝你健康。

我們喝了又喝，喝到將近午夜，他們才回家。

現在應該安全了，我帶你下去。

你——嗅嗅——捧的是給米洛赫吃的東西？

我之前給過了。這只是垃圾。

米洛赫的居住環境糟到無法想像。

…我總是帶垃圾下來倒，以免鄰居起疑心。嗯——米洛赫，你堂弟來了。

？

這個方院子裡有個很深的坑，方便大家丟垃圾。

垃圾坑裡有個隔離式小空間—— 長寬大約五六呎。

符拉迪克！好高興見到你還活著！

我的天！

我向下一看，發現米洛赫夫婦和三歲大的兒子。

你們躲這裡怎麼生活？一定冷死了吧！

沒辦法。至少這間密室在地下。

而且垃圾腐敗過程會發熱。

可是，別人**知**道你們躲在裡面……

我說出剛才在樓上和波蘭人喝酒的事。

我們怎麼辦才好？

聽著——安雅和我可能會去匈牙利！…

我說明，我們藏身的地方不盡然完美，但總比這裡好。

有進一步消息，我再來找你，不過，時間很晚了——我該趕緊回家。

幸好，在我回秀畢尼查的路上，沒人盤問我。

幾天後，
我又來找蛇頭。
曼德邦也來。

看，符拉迪克——我外甥平安沒事！他們幫他帶信給我。

信裡寫的是意第緒文，簽名真的是亞伯罕，所以我們當下同意照計畫進行。

不過安雅硬是不准我們去……

求求你，符拉迪克，取消啦！

可是，事情全安排好了。我甚至付了一半當訂金！

不要！不要！不要！一定是個騙局！

你理性一點。我親眼看見亞伯罕寫來的信！

信……信上寫什麼？

「親愛的舅父母，
這裡一切美好。
我安然抵達。
我覺得自由又快樂。
不要再拖延了。
盡快過來和我會合。
愛你們的外甥亞伯罕敬上。」

我…我不確定……

我們後天從卡托維治火車站出發。

終於我說服她了。

所以，我再去米洛赫躲的垃圾坑密室，叫他一定要去秀畢尼查躲著……

後來，你知道，米洛赫和妻小全挺過戰亂了…躲在摩托諾瓦家……

至於安雅和我，另有一條命運線等著我們走……

搭街車來火車站路上，沒遇到麻煩，我們順利和曼德邦和蛇頭會合。

一切都安排妥當。車票給你們。

尾款帶來了嗎？

有，當然。　給你。

你…你的搭檔想去哪裡？

有人會在邊境接你們，他去打電話通知對方一聲。待會兒他會回來和我們一起搭車——放心！

當然，我們放不下心……

於是，所有人一同踏上旅程……

火車跑了不到一個鐘頭，來到別爾斯科一比亞瓦（Biala）站。我以前在這裡開工廠。在這一站，蛇頭不見了。

車上有一陣大騷動…蓋世太保從四面八方過來。

JUDEN RAUS!

逮到人了！

在卡托維治，蛇頭打電話通報的對象是這批人。

我們被押著走過別爾斯科市區，路過我以前當老闆的工廠……

Cafe

路過我們常去買食品的市場，甚至走過我們住過的那條街，最後來到監獄，被關進去了，我們。

我帶了一個旅行用的小行囊。入監檢查時，裡面被翻遍了。

這是什麼？鞋油？

對。我很注重儀容。

他用調羹一層層刮掉所有鞋油。

什麼跟什麼……金錶。…你們猶太人各個都有金子！

我用錫箔裹住金錶，藏在鞋油底下……金錶是我最後一個寶物。

我和安雅結婚時，岳父送我的就是這支錶。

唉，算了…錶被搶走，我和曼德邦被丟進牢房……

等一等！亞伯罕呢？他怎麼了？

誰？

啊，曼德邦的外甥！對。他的下場和我們一樣，進了集中營。

以後再講他的事好了。現在我想說坐牢先……

…不過

進牢裡，吃的東西少得很——湯大概一天一次——我們枯坐著，沒事做。

為什麼不派我們去做苦工，像你們其他人那樣？

這表示，你們在這裡待不久……

…每隔大概一禮拜，一輛卡車會來載走囚犯。

抱歉…有沒有人懂德文？

我家人剛寄給我一個食品包裹。如果我回信，他們會再寄一包，可是獄方只准我們寫德文。

我德文寫得還不錯…所以我幫他寫信……

不多久，他又接到一個包裹……

都是你的功勞！來，想拿什麼儘管拿，分你朋友吃也可以！

裡面有蛋…甚至也有巧克力…能弄到奢侈品真幸運！

幾天後，卡車來了，我們大概有一百人被推上車。

我和安雅重逢了。

來，親愛的。我有個禮物送妳……

蛋?!蛋糕???什麼?怎麼來的?

代寫德文信的酬勞我還留著。

不要…你自己留著……我不餓。

來…至少收一半以後吃。

我們來到歐斯威辛鎮5…戰前，我在這裡賣過紡織品。

接著，我們被運到奧斯威辛集中營。我們也知道，休想活著出去了……

ARBEIT MACHT FREI

8勞動才有自由

傳聞我們聽過——我們會被趕進毒氣室毒死，然後被扔進人肉烤爐。那年是一九四四……我們清楚得很。結果，我們被送來這地方。

我的天。

對。就是嘛……

…卡車打開後，男囚被推向一邊，女囚被推向另一邊……

安雅和我各分東西，這輩子能不能再相見不曉得。

如果能找到媽媽的日記，我比較能瞭解她在你們被拆散時的經歷。

我可以告訴你…她的經歷和我一樣：慘字一個！

天涼了。我們不如上樓去，看能不能找到她的筆記簿……

不必……找過了我已經……

……再找也找不到了！

呃…我們進車庫找找看。你在那裡面堆了好多東西。

不必。你找也是白找。因為我記得事情的經過……

筆記簿和你母親其他很珍貴的東西……有一次我心情很糟…她所有東西被我毀了全。

你什麼？

安雅去世後，我想整理所有東西…她寫的東西含有太多往事了，我乾脆燒掉。

被你燒了？

天啊！沒價值的爛污，你留了一大堆，而你竟然……

對，很可惜！好幾年，它們一直擺著，根本沒人打開看。

你翻開看過一眼嗎？…記不記得她寫什麼？

沒有。我打開看過，但我不記得了…只知道她說，「但願我兒子長大後有興趣讀。」

你太可惡了！你……你這個兇手！媽的，你怎麼做得出這種事！！

啊

對你自己父親，你罵得這麼難聽？…連對待你朋友，也不應該這樣！

不過，我告訴你，你母親的悲劇過後，我情緒很沮喪，成天像行屍走肉！

對不起。好了，爸，時間不早了，我該回家了……

上樓吧先，喝點咖啡。

不用了…真的。我不馬上回家不行……

好…有空來通電話…你應該更常來看我才是——別老搞失聯！

那當然…沒問題！掰掰。

……兇手。

MAUS

「米老鼠是自古至今最粗鄙的一種理想……每個身心健康的男子和每個自尊自重的少年皆知，老鼠渾身污穢髒臭，是動物界最可怕的帶菌者，豈能被捧為理想動物……猶太人毒害人間，不可取！打倒米老鼠！佩戴納粹十字架！」

　　——一九三〇年代中期德國博美州（Pomerania）報紙文章

獻給里丘

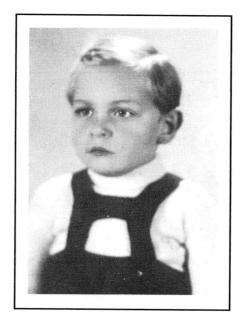

以及納蒂亞和達緒爾 [6]

6 作者的子女。

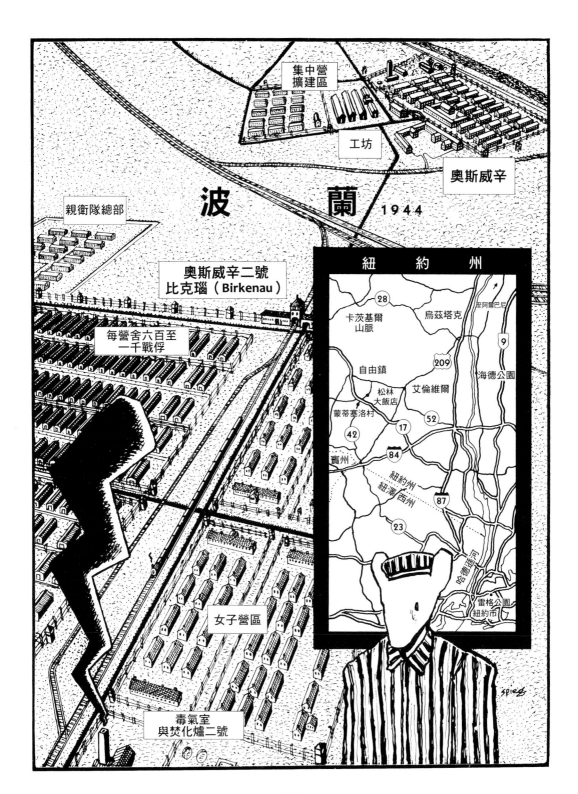

166

我的麻煩這才開始

（從耗子威辛至卡茨基爾以及遠方）

C O N T E N T S

167

第 一 章　　耗 子 威 辛

7 Dreyfus affair，十九世紀末，猶太裔法國陸軍上尉被誣指通敵德軍而遭判刑，在法國引發反猶太風潮。

171

有了！……
第一格：我父親騎著
健身車……

我告訴他，我剛聾了
一隻青蛙……

第二格：他被嚇得
摔下健身車。

於是，妳和我去找老鼠貓
太牧師。他念了幾句咒語，
然後，變！……

這頁最後一格，
青蛙變成美女老鼠！

嘿

我改信貓太教，
只是為了
討你爸歡心。

對。不過，
再大的犧牲
也不能讓他
高興。

告訴你，你應該聾那個叫什麼
名字的女孩。就是我們剛認識
的時候和你交往的那個……

珊卓？

對。聾她的話，
畫老鼠就
沒問題了。

別這樣嘛。我和她交往，
目的只在化解我對紐約
中產階級猶太女人的偏見。

她們太容易讓我聯想到我親戚，
一點都不性感，所以我乾脆——

亞特！
芙蘭索瓦絲！！

快——你父親剛來電！
他心臟病發作了！

什麼？

糟糕！

他留這電話要你回電。

我們上禮拜才去看他……北上來這裡的路上，我們去卡茨基爾山脈的度假小木屋看他們…那時候他還好端端的……

嗨，老爸…你還好嗎？你怎麼不去醫院？…呃？

可是——？你沒有？你沒有？！那你幹嘛——？真的走了？

什麼時候？唉？？什麼？？？我聽不清楚，講大聲一點。…別這樣，…爸，別哭嘛…

天呀。也只好了…今天晚上？？不行吧。嗯…好，好，我和她商量一下……

心情放輕鬆…好…你能照顧自己吧？好…我—呃—我也愛你。…待會兒見…再見…

呼。

怎麼了？發生什麼事？？

你父親還好嗎？

他心臟病根本沒發作……他只是想強迫我回電！

什麼！他怎麼能開這種玩笑！

瑪拉離開他了。她從戶頭提款，開車走了。

他叫我們去他的小木屋住一陣子。

我…我猜我們非去不可。

我想也是。

多可惜。
你們才
剛來⋯

我們會
再回來的。

我們帶去的行李
不多,這樣才有
藉口不能久留。

電話上,爸的口氣
接近歇斯底里。

可憐人⋯
我為他難過。

對,我也是⋯⋯
不過等到我被迫和他相處,
他會把我惹瘋!

嗯。

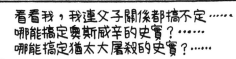

唉。

情緒又低落
了?

我在想我寫書的事⋯⋯
我未免太**自大**了。

看看我,我連父子關係都搞不定⋯⋯
哪能搞定奧斯威辛的史實?⋯⋯
哪能搞定猶太大屠殺的史實?⋯⋯

小時候,我常在想,假如納粹
想把我父母推進人肉烤箱,
而我只能救其中一個⋯⋯

通常我會救母親。
這正常嗎,妳覺得呢?

世上沒
人正常。

174

我懷疑，假如里丘活到現在，我和他能不能好好相處。

你哥哥？

我的冥兄，因為他在我出生前就死了。他才五六歲大。

戰後，有再薄弱的傳聞，我父母都不放過，追查到底，找遍全歐洲的孤兒院。他們不相信里丘死了。

童年的我不常想他的事…他主要是一張模糊的大相片，掛在我父母的臥房牆壁上。

嗯嗯。我本來以為是你的相片，總覺得不太像你。

重點就在相片上。他們不需要在房間裡掛我的相片…因為我還活著！…

相片從來不亂耍性子，什麼樣的麻煩也不惹…它是個理想兒童，而我令人頭疼透頂。我比不過他。

他們不提里丘，不過那張相片相當於無言的譴責。他長大會當醫生，娶一個猶太富家女……怪人一個。

不過，至少能拱他去應付老爸。…跟相片爭寵的感覺毛骨悚然！

我從來不對里丘感到內疚。
但我卻常常夢到親衛隊進我教室，
拖走所有猶太學生。

可別誤會我，我不會老想這種事…

只是我有時會幻想，從蓮蓬頭
噴出來的不是水，而是齊克隆B。[8]

我知道這很扯，不過我莫名其妙但願自己曾和父母一起
被關進集中營，切身體驗他們的經歷也好！

……我猜，這是因為我日子過得比他們輕鬆，
所以才有這種愧疚感。

唉。
想重建一個比最黑暗的惡夢還慘的
現實，我覺得心有餘而力不足。

而且還想以漫畫來呈現！
我猜我是自不量力。

也許，出書的事還是算了吧。

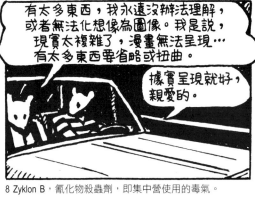

有太多東西，我永遠沒辦法理解，
或者無法化想像為圖像。我是說，
現實太複雜了，漫畫無法呈現…
有太多東西要省略或扭曲。

據實呈現就好，
親愛的。

我就說嘛……
在現實生活裡，妳絕不會讓
我一口氣講這麼久而不插嘴。

哼。
我想點
根菸。

8 Zyklon B，氰化物殺蟲劑，即集中營使用的毒氣。

他說他會把鑰匙藏在這上面 —— 啊。
摸到了！

COSMOPOLITAN
BUNGALOWS

亞第？

*大都會小木屋村

（哈欠）親愛的兩位——
你們來了終於。我等了再等，
睡不著。

緊急氧氣筒

情況你看見了吧，亞第。她拿走
我的錢，離家出走。
喂！她怎麼能扔下我這種病人走呢？？

不過現在，起碼有你們兩個
「孩子」住下來陪我，
我好開心……

看，我幫你們準備的床鋪多好睡。
整個夏天，你們可以在這裡舒服過
日子！

不對！我們只能待幾天，
爸。我們——

好了！明早我們再聊吧——
現在，你們舒舒服服
住下來，把這裡當成自己
的家。

晚安，爸。

（我的天。
他指望我們住
整個夏天？）

（我猜是吧。
全順著他意思的話，
我們接著也會搬去
皇后區住他家。
他——）

拜託！
我等你們
等得太累了。
明天再聊，
你們！

177

出大太陽了，你們還在睡覺！

唔？現在幾點？

快八點了都，我已經在門廊上做了半小時體操。我從小天天做運動……

呃？

起先，鄰居想跟我一起做運動，結果他們跟不上我…現在呢，他們只能旁觀！

有咖啡嗎？

瑪拉帶了即溶咖啡來…明天，我們做運動一起。

啥？我做的運動只有出去抽菸！……即溶咖啡我勉強能喝。

你動作快一點，趕快準備…今天我要你幫我整理帳戶資料和報稅——被瑪拉搞得亂七八糟，你看了一定不信！

?

找到了。這種是無因咖啡。

嘟噥。

呃，你有沒有看見我長褲擺哪裡？

你所有東西全被我擺進櫃子裡整理好。在那。

嗯…謝謝你沒把我衣服全扔掉。

醒醒啊，親愛的。跟妳報告壞消息。這裡只有 Sanka 咖啡！

呃？我們的咖啡和咖啡壺被我帶來了。去我包包裡找。

啊！

又怎麼了？

我正想煮早餐給你們，結果看見這裡的鹽！看看瑪拉做的好事……

這鹽巴半罐還有，她竟然另外再開一罐！

我現在的飲食不能吃鈉。我連一罐鹽都用不著，她卻開了兩罐！

呃……怎麼一回事？瑪拉為什麼離家出走？

她要我所有的錢。我工作一輩子的血汗錢，她全要。

我和醫生掛號，昨天回皇后區去看醫生，然後去銀行把債券給續約。

其中一個債券歸瑪拉，一個歸我在以色列的弟弟皮涅克，一個我想留給你…

你和我弟也有一份，她不高興——她像瘋子似的鬼叫！

她開車走了，把我丟在銀行。我走路回到家，她不見了已經。

律師說，我應該採取斷然措施。她偷走珠寶、車子和聯合帳號裡的錢——我可以告她！

用不著吧……

瑪拉去哪裡了？

開車去佛羅里達。我們正要在那邊買公寓。她想賣掉，搶走訂金。

可惜她辦不到。她需要我簽——亞第！你想幹什麼？！！

呃？我只是點菸抽而己……

最好別抽菸：對你身體不好，我也會喘不過氣，因為我不能接近……

算了，既然你已經在抽了，我告訴你，拜託不要用我的木製火柴。我剩沒幾支了。你泡咖啡用掉一支了已經。

我只用這種火柴點瓦斯爐。木製火柴我得花錢買呀！紙火柴免費，去松林大飯店的大廳拿就有。

天啊！我買整盒木製火柴給你，不就好了！

沒必要……在家，我們瓦斯爐是電動點火，我在這裡再住也十五天只有。

而我還剩五十支火柴。我還有多少火柴可用？……

小氣鬼！我受不了了。我想出去透透氣！

亞第的神經老是衰弱——跟他母親一樣——她也神經衰弱。

呼。

喂。

你一定是亞第吧。我是卡爾普太太。我們是鄰居。

對。我爸提過，妳在瑪拉不在時照顧過他。

他這麼說嗎？是這樣的⋯幾天前，我老公艾格爾載他回這裡。車被瑪拉開走了，不過——來嘛，過來串門子一下！

呃？我不能！我嗯——

看，老公，我發現符拉迪克的兒子亞第！

哇！你來接你父親回去住一起嗎？

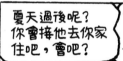

什麼？沒有，我們只來住幾天，安安他的心。他會在這裡住到勞動節。[9]

什麼？留他一個人？他怎麼生活？

他自己能應付的。話說回來，如果你方便載他進市區⋯偶爾關照他一下，我會感激不盡。

偶爾幾次是可以。不過，他老了，有病在身，不可能孤伶伶過日子⋯⋯

夏天過後呢？你會接他去你家住吧，會吧？

不會！我不知道他有什麼打算，也許他會請個護士之類的。

請護士可要花錢啊。你以為你父親捨得花錢啊？

可憐的瑪拉。有一次我和她去超市⋯⋯

她得塗掉結帳單上的梳子，因為你爸不肯幫她買個人用品——這種生活，夫妻怎麼過得下去？

亞特？哈囉？你去哪兒了，老公？

9 九月初。

我老婆在叫我……

你老婆，她是猶太人嗎？

（小聲點，老公！）請她過來喝杯檸檬水嘛。

改天吧。我該走了…

呼。

你在這裡啊！……

你剛去哪？

剛被我爸朋友卡爾普夫婦劫走了…告訴妳，連他們都受不了我爸。

和符拉迪克在一起會產生密室恐懼症。我每碰一個東西，他都伸手過來擺正——他心定不下來。

他從來沒學會怎麼放輕鬆。

說不定是集中營的影響。

也許吧。不過，這裡很多人都躲過大屠殺——卡爾普夫婦就是——他們如果腦筋被搞壞，一定跟我爸不是同一型。

唉，他火柴的事——比你想的更扯……

因為房租包瓦斯費，他為了節省火柴，所以瓦斯爐整天開著。

天啊。要不是太悲哀了，想想也覺得有點好笑。

你們啊！你們兩個孩子在談天啊？來——我們一起坐，你們可以幫我準備銀行的資料。

182

啊，亞弟。你加錯了又。

可是——你看，我們都檢查兩次。沒錯就是沒錯！

噗。總數跟結單不一樣。我們可得再來一遍了從頭。

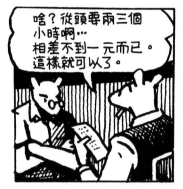

啥？從頭要兩三個小時啊…相差不到一元而已。這樣就可以了。

你老是這麼懶！每個工作，我們都該以正確的方式做到底。

懶？！去你的，你快把我整瘋了！

別氣嘛！不如你去休息一下？我來抓錯。

對！有芙蘭索瓦絲，我辦得到就！

嗯…我自己一個人就行了。不如你們父子出去散散步？

多謝了。

呃…可別把這些資料混在一起了。我回來再跟妳一起比對……

…以我的腿，散一小段路也好。

唉。好吧…我去拿錄音機，以免今天整個白費掉。

爸,你現在有什麼打算?

我們可以散步到松林大飯店然後回來。

*大都會小木屋村

我的意思是,瑪拉走了,你日子怎麼過?

我們也許可以一起住這裡到夏天結束……

好美……

我不是說過了——芙蘭索瓦絲和我只能待這個週末。

那又怎樣?你回去以後,我也跟著走。

不然我一個人待在這裡有啥意思?

然後呢?

嗯!也許你會想來皇后區陪我住一陣?

有你在我身邊我高興總是……要記得,我的房子也是你的房子。

對不起,爸。我覺得這不是個辦法。我們有自己的房子住,而且——

對。你現在不必回答…考慮考慮先……

嗯——我可以再問你的過去嗎?關於奧斯威辛的那一段。

當然,親愛的。對我,你什麼都能問!

嗯……你和媽到了集中營被拆散,之後遇到什麼事?

男人被推向一邊,女人被推去別的地方。

出來!

我趕緊向安雅揮別。

184

不過你要瞭解，安雅和我始終都沒被拆散！

沒有嗎??

沒有！戰火把我們分開了，不過在戰前和戰後，我們一直在一起。

不太像瑪拉，淨想搶我的錢！——

爸，奧斯威辛。再說集中營裡的事。

奧斯威辛在一個波蘭人叫做歐斯威辛的鎮裡。戰前，我常來這裡賣我的紡織品。…現在，我來了又。

我們被攆進一個大廳，被大吼大叫。

脫掉衣褲！留下貴重物品！排隊！快！

我當時還和朋友曼德邦在一起。

我們的證件、衣服和頭髮被奪走……

（噗嘶…接…接下來會怎樣？）

（放心…）

我們好冷，我們也好害怕。

（被帶來這裡，會被叫去做苦工。他們還不準備畢你的命。）

（那，我們的妻子和我們的…）

閉嘴，臭猶太！快進浴室。快！

去哪裡都要用跑的 —— 很像在練跑步 —— 我們被追著跑進三溫暖……

冷死人了!

不是毒氣就萬幸了!

在這裡淋的是活水,而不是謠傳的那種死毒氣。

然後我們被趕進雪地,領囚衣。

快!快!快!

他們見人就丟衣服,連尺寸都不看。

有人想換衣服。

對…對不起。這雙鞋子太小。

現在穿得下了吧!

CRAK

鞋子是木鞋!

我運氣好。所有東西都有點合身,只不過上衣破了,也太大件……

我們被登記…他們問姓名,然後在這註明編號。

175113

*叩

186

四面八方好臭，無法解釋的氣味…帶點甜味…
很像燒橡膠的臭味。燒油脂。

是亞伯罕——曼德邦的外甥！

舅舅！
舅舅

我們進大門後，有人遠遠衝過來。

舅舅……
你也淪落這
地方了。

是你叫我們
來的！

你寫信說你在匈牙利多快樂——
叫我們馬上過來和你會合！
呃……我們來了。

匈牙利。
哈！

安排偷渡事宜的波蘭人蛇頭
懂得意第緒文，所以知道你們等著
聽我報平安。

在別爾斯科，蓋世太保
舉手槍對準我腦袋，蛇頭
叫我寫下他們講的話。

我又能怎麼辦？
不從，當場被槍斃。

嗯…所以，
這裡是我們的
匈牙利……

想離開這裡，所有人都只
有一條路…從煙囪飄走。

我從此沒見過亞伯罕了…
我想他是從煙囪飄走了。

不過，出賣我們的
波蘭蛇頭，倒是
被我碰到了又。

德國人用不著他們
了，所以他們也被
送來奧斯威辛解決。

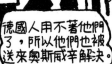

187

新來的被關進一個房間。
過來人說過同樣的事。

我精疲力盡，渾身
發抖，哭了一會兒。

不過從另一個房間，
有人走過來。

看見那些煙囪沒？…

看見了。所以我才更難過。

沒人理我。

為什麼哭呢，
孩子？

有什麼好高興的？
這裡又不是園遊會。

讓我看看你手臂……

他是牧師……

嗯…你的編號以一七開頭，
希伯來文代表「吉數」。
十七是個非常吉祥的兆頭……

他不是猶太人——卻學識很豐富！

結尾是一三，是猶太男孩
轉大人的歲數……

看！數字加起來等於十八，是「chai」，
代表希伯來文的「生命」。

我能不能挺過這難關，我不清楚，
但我確定你能活著出去！

我開始相信了。告訴你，
他為我灌注了新生命。

每次情況糟透了，
我會看這編號說：
「對。牧師說的對！
加起來等於十八。」

呼。
那像伙
是個聖人！

對……
我後來
沒有再見
到他了。

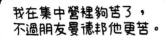

我在集中營裡夠苦了，不過朋友曼德邦他更苦。

在索斯諾維茨，人人都認識曼德邦。他年紀比我大……很和氣……是個大財主……

…到了奧斯威辛，曼德邦卻變得好落魄。

褲子大到可以讓兩人穿，連一條能充當腰帶的繩子都找不到，成天只好一手拉著褲子…

一支鞋子太小，他穿不進去，只好用手拿著，等著跟人交換。

另一支鞋子大得像條船，但起碼他還能穿。

那時是冬天，無論走到哪裡，他一腳都要踏雪走。

可以跟你借調羹嗎，符拉迪克？

當然可以。你的呢？

掉了。我彎腰下去撿的時候，就被人搶走了。

因為一支調羹能換半天的麵包。

大半碗的湯也灑了。我再去要，結果挨打！

我拿碗，鞋子就掉地。鞋子撿起來，褲子就掉地……

我能怎麼辦呢？我只有兩隻手啊！

天啊。求求祢，上帝…助我找到一條繩子和一支能穿的鞋子！

可惜上帝不來這裡。大家自求多福只能。

所以，曼德邦和我擠同一張床。我們也不曉得為什麼，因為空床位多的是。

但是過了一天，有一群差不多四百個猶太人被推進來。

房間擠到幾乎無法動彈。想上廁所，要走十五分鐘，一路上一直踩到睡地板的苦命人。

回頭想回床位卻找不到。

營舍裡有個老大——監督員，動不動亂踹亂罵。

五五排一行，你們這些混帳！立正站好！

他也是囚犯，來自波蘭被德軍占領的一區。

給我趴下去。快！

起立！趴下！

起立！快一點！

趴下！

成天做這種「體育」——亂踹、亂打、亂罵——直到有人翹辮子。然後再操。

有一次，這個老大又開始對我們大呼小叫：

誰懂英文？舉手！

（你應該舉手，符拉迪克。）

（不要…）

（我不想太靠近他的棍子。

何況，那麼多人舉手，你看見沒……）

很多法國猶太人懂得說英文。

舉手的人被他帶走——不久全被退回。

誰懂英文和波蘭文？

這次舉手的人沒幾個，所以我站出去。

總共八九個。他叫每人講幾個英文字。

筆…菜…哪…裡？……筆…菜…桌…此…裡……

下一個。

我聽見別人講英文，覺得自己有勝算。

我對他只講英文：

對，我住琴斯托霍瓦的時候當過英語家教。

他想學英文！

以波蘭人而言，我的英文是優等的。

你在這裡居然弄得到貝立茲（Berlitz）書！你已經學到動詞變化了？

？

他挑中我，別人不要。

聽著。這裡戰俘太多了。親衛隊明天會叫大家排隊。……你一定要站最左邊。

早上，親衛隊找人去做苦工．虛弱的人被送到一旁帶走，一去不回。
親衛隊來到我之前，人數挑夠了已經。

我叫曼德邦站我旁邊，兩個人平安回裡面。

老大叫剩下的人打掃營舍。

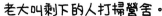

別走！史畢格曼──你跟我來！

他喊別人都喊編號，對我只喊姓。

坐這裡…我馬上回來。

我看見餐包！我看見蛋！肉！咖啡！滿滿一整桌！見這種景象的心情怎樣，你知道嗎？

一定是他的早餐。他在這裡一定吃得痛快！

我不敢再看。我餓到想一口氣掃走全部！

你等什麼等？坐下吃啊！

這桌食物是給我的。

我一直吃吃吃，他看著我，然後我教他兩小時，聊一聊。

可是，你為什麼要學英文？

我通德文和波蘭文──所以我才當得上老大，不然，我跟你一樣沒用……

盟軍正在轟炸納粹。如果盟軍打贏了，懂英文比較有價值！

192

好了，今天上到這裡就好。跟我來。

脫掉所有衣褲，挑合身的穿。

！

所以我選到的全像訂做的。

我也選一雙皮鞋——不再穿木鞋。

我本來就帥……穿上合身的衣褲，看起來更身價百倍！

你選好了沒？

是的，長官。不過我有件事還想拜託你……

…我可以多拿這雙鞋子、一條皮帶和一支調羹，給——

什麼？！

死猶太！報到才幾天，你就做起生意了？！

這裡每雙鞋，我都得看緊！

我…我不想添你麻煩。你對我一直這麼親切，我是想送朋友……

我提起苦命的曼德邦。

好吧…皮帶和調羹，就說是被我「搞丟」的吧——不過，明天帶你朋友不合腳的鞋子回來——否則你倒大楣！

告訴你，我的物質條件超好！

193

我跑去找曼德邦…

符拉迪克?!!
你看起來像…將軍!

哈!不盡然啦。不過,我最近走運了,沒有忘記你……

?

看。我幫你弄到調羹。

調羹!謝謝你,符拉迪克,謝謝你。

也有一條皮帶 —— 不是繩子 —— 是如假包換的皮帶!

喔我的天啊!

另外還有:一雙合腳的木鞋!

≧倒抽一口氣≦

啜泣

我的天啊。我的天啊。我的天啊…奇蹟出現了,符拉迪克,上帝透過你賜給我鞋子。

…他樂得哭出來…我也跟著哭了起來。

他為這事樂翻天了。
…老大後來知道曼德邦是我朋友,所以也饒過他。

我盡量護著他,可惜過了幾天,德國人來了,帶走他去做苦工……

這事沒人能挽回。
就這樣,曼德邦完了。
我再也沒再見到他。

所以，你不知道曼德邦後來怎麼了？

總之是死了。我知道是被他們幹掉的。

也許是在上工的半路上，說不定他的帽子被衛兵搶走。

快去撿帽子！

他又能怎麼辦？他衝過去撿。衛兵說他想逃走，所以射死他。

射死越獄犯能記功，也能放幾天榮譽假。

曼德邦的情況是不是這樣，我不清楚——只知道這種事常發生……

他們只想解決所有人。勞動很辛苦，糧食少得可憐。

…也許他做工的身手不夠快，所以被踹死或頭被打破。

…也有可能他病了，所以被「送醫」先，然後進烤箱……

他們是怎麼折騰人的，懂了沒？而我，還有好日子可過。對我來說，路還沒走到盡頭。

新來的怕我。我看起來像大人物，是老大的左右手。

明天他們想拉走兩百個工人。我這裡只登記了一百八十人你最好躲進我寢室……

我平安躲了兩個多月，教他英文。

195

同一批進來的人，最後只剩我一個⋯⋯

符拉迪克，你進這裡之前從事哪一行？

我做過很多行業。為什麼問？

我一直盡量把你留在這裡「檢疫」。遲早你會被派去職工隊⋯具備職能的工人，待遇比較好。

只要有人教，我什麼工作都能做。在猶太區，我做過木工。在索斯諾維茨，我做過錫匠。

錫匠！我來想想辦法！

在奧斯威辛這一帶，德方蓋房舍不停，需要優良錫匠蓋屋頂。

我不是真格的錫匠。不過我懂一點皮毛。在索斯諾維茨，我為了弄個安全的工作護照，所以進錫廠，當時見習過實務。

THE Pines
GUESTS ONLY
No Trespassing

嗯嗯。你告訴過我。不過，我想問你的是，當時媽怎麼了？

停！⋯⋯

趕快掉頭走這條路可以去松林！

呃？

走這裡，飯店警衛看不見，我們可以去坐那裡的陽台。

坐那裡，風景好美啊。我幾乎天天來。

有時候我能上免費舞蹈課，住客能免費玩賓果領獎，我也參一腳。

樓下是健身房，有蒸氣室和按摩浴缸…明天有空帶你去吧。

謝了，不要。隨便進去，你不怕被逮到嗎？

什麼話。我們小木屋村的人，**大家**天天都來，不然就是去同一條路上的布里克曼飯店。

…我比較喜歡松林，只不過，這裡的健身房要房間鑰匙才能開置物櫃。

＊咔嚓

看。他們開始發賓果單子了。玩一下，要不要？

嗯嗯。我換卷錄音帶，我們可以繼續談。

有一次，我在這裡贏了一局賓果。獎品都送去客房。…問題是，我不是住客。

我後面坐了一個年輕女郎，輸了好失望——她只缺一格就贏了……

…所以我把自己的單子送她，說：「這種獎品我不想要——妳上前去領獎吧。」…她高興死了。

你告訴她說你不是住客？

幹嘛說呢？又不干她的事。

你知道嗎，這鎮上有個賓果店——玩一局五毛錢。瑪拉有時候喜歡去…我對她說，「幹嘛去那裡？因為散會時有咖啡可喝？想玩賓果，去松林玩就有，回家有更香的咖啡喝！」

…B-5…G-22…

賓果！

197

第二章 奧斯威辛 歲月快如蠅

一九八二年八月十八日，符拉迪克因鬱血性心臟衰竭病逝……

芙蘭索瓦絲和我去卡茨基爾陪他是一九七九年八月的事。

一九四四年春，符拉迪克在奧斯威辛開始當錫匠……

我在一九八七年二月底開始畫這一頁。

一九八七年五月，芙蘭索瓦絲懷了我的小孩……

一九四四年五月十六日和二十四日之間，超過十萬名匈牙利猶太人在奧斯威辛被毒氣奪走生命……

一九八六年九月，經過八年創作，《鼠族》第一篇出版了，既暢銷又廣獲好評。

至少有十五種譯本即將推出。認真考慮改編我的書成電視特別節目或電影的單位有四個（我不想）。

一九六八年五月，我母親自殺身亡（未留遺言）。

最近，我情緒低落。

好了，史畢格曼先生…準備上鏡了……

請告訴觀眾，你藉這本書想傳達什麼訊息？

訊息？我說不上來……

我…我從沒想過整本書能濃縮成一個訊息。我意思是，這書裡沒有針對特定讀者群的訴求。我原本的用意只是——

你的書快出德文版了……

猶太大屠殺的故事層出不窮，很多德國年輕人都受夠了。這些事發生時，他們根本還沒出生…為什麼要他們扛罪？

我算哪根蔥？…能說什麼？

不過，在納粹時代蓬勃發展的企業，很多現在比以前賺更多錢。怎麼說呢…也許人人都應該覺得罪過。人人！永遠！

好……我們談談以色列……

如果你的書拿以色列猶太人當主角，你會用什麼動物來畫他們？

沒概念耶…豪豬吧？

抱歉……

亞第，老弟，看看這個授權合作案。你能分紅百分之五十。我們能賺一百萬。你爸在世會覺得好光榮！

呃？

MAUS
YOU'VE READ THE BOOK
NOW BUY THE VEST!

*《鼠族》讀過書，更要買主題背心！

不然你想怎樣——多分一點紅嗎？嘿，我們可以商量看看。

我要…赦免。不對…不對…我要…我要…我的媽咪！

能不能告訴觀眾，畫這本書的過程是否有療癒心靈的效果？你現在是不是舒服多了？

哇！

呼。
全走了。

有時候，我真的不覺得自己
是個有行動能力的成年人。

再過兩三個月，我就升級當
父親了，我不敢相信。

父親依然陰魂不散。

*納蒂亞·莫里·
史畢格曼誕生於
1987年5月13日

已經晚上九點三十了，我和帕沃爾有約，
他家在上城區。

帕沃爾是我的心理醫
生。他晚上看病人。

他是捷克猶太人，逃過泰雷津[10]和
奧斯威辛。我每週見他一次。

他家收容了一大票
流浪貓狗。

嗨，亞特。
進來吧。

能提這現象嗎？提了，
會不會把暗喻全給搞砸？

好，
你最近
心情怎樣？

徹底混亂。在「事業」方面嘛，
或在家，情況都好到不能再好，
不過多數時候，我好想哭。

我沒辦法創作。我的時間全被占
走了，訪問和合作提案應付
不過來。

但是，獨處的時候，我又靈感空空，
創作不出東西，在沙發上一躺連續
幾小時，凝視著沙發套上的一個小油漬。

裱框寵物貓照，
真的！

10 Terezin，先前的 Theresienstadt 是德文地名。

203

不知為何，父子吵架的場景少了一點緊迫性…而奧斯威辛變得太恐怖，我不敢再去想…於是索性躺平……

照你這麼說，你心裡有悔恨——該不會是你自以為把父親畫成了眾人的笑柄？

也許吧。不過，我描寫時盡量持平，同時仍呈現我當時的憤怒。

即使如此，每個小男孩都崇拜父親。

道理是這樣沒錯，不過，我很難回想自己……

我最記得的是和他吵架的往事…老是挨他罵說我處處都不如他。

而現在你事業有成，能證明父親錯看你，你反而愧疚。

不管我成就多高，和集中營死裡逃生的事相形之下，總顯得不算什麼。

不過，你沒進過集中營啊…你當時在皇后區。

也許，你父親之所以事事爭強好勝——證明他每次都能死裡逃生——是因為他懷有生存者的罪惡感。

也許吧。

結果他拿你出氣，因為找你出氣最保險…你才是真正的生存者。

呃…告訴我，你逃出集中營，會不會也有罪惡感？

不會……只有沉痛。

11 Samuel Beckett，二十世紀中葉愛爾蘭作家，曾以《等待果陀》獲諾貝爾文學獎。

我的書？哈！什麼書？？我心裡有點不願畫奧斯威辛，有點不肯去思考。我無法清晰構思集中營的景象，甚至連想像都無法體會裡面的感受。

集中營裡的滋味怎樣？嗯…我怎麼交代清楚？……

鬼來了！

哇！

我當時的心情有點像你剛才那樣，不同的是，從進集中營大門起，那種心情一直延續到最後一刻。

你書裡無法以圖像呈現的部分是哪裡？

在集中營附近，我父親被派去當錫匠。用的是什麼工具，做的是什麼，我全沒概念。查不到文獻記載。

我想想看。他會用切割機——像特大號的裁紙機——也許有一兩座電動鑽床。

你怎麼知道？

我嘛，小時候在捷克斯拉夫，我進工具沖模廠工作過。

不過，時辰不早了，我還得去遛狗。

好，下禮拜見……

天啊。我不懂為什麼……

每次和帕沃爾談過之後，心裡總莫名其妙舒服一點……

也許我可以畫錫廠，省略鑽床。我討厭畫機械。

206

因此……

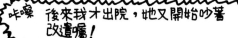

咔嚓 後來我才出院，她又開始吵著改遺囑！

爸，拜託，錄音機還在轉我們繼續……

我病得厲害，也好累還是，為了圖個安靜，我答應了。她去找公證，直接帶到我病床邊。

我們再談談奧斯威辛……

公證跑這一趟要十五元啊！如果她能等一個禮拜，等我體力恢復，我可以去銀行，花兩毛五就能請人公證！

夠了！再談談奧斯威辛！

唉 你剛說，老大想介紹你去當錫匠……

對。每天，我去那裡上班，就在集中營外圍……

錫匠主管是個俄國猶太人，名叫伊鐸。

哼！你不是錫匠。你連切都切錯。

可是，我一直是這樣切啊！……

我才當錫匠幾年而已。你想要我怎麼切，教一教我，我兩三下就能上手。

哈！你一輩子從來沒老實幹過活，史畢格曼！我摸清你的底細了……

他是從哪裡打聽到我，我不清楚。

你是大工廠的老闆，剝削工人，資本主義王八！

這個伊鐸，他是個共產黨。

哼！派你這種雜碎給我，正宗的錫匠卻被推進火爐。給我當心點。你被我盯上了。

我很怕。他真的能把我七葷八素整得。

207

我和其他男孩相處還好。

放心⋯對付伊鐸，懂點竅門就沒事⋯⋯

送他幾顆蛋，塞一些牛油或起司請他⋯⋯

他的口氣就變了。

哈！我去哪裡張羅食物？

眼睛注意看。跟這裡的波蘭人，你可以安排到東西。

納粹另外從附近請來波蘭專業蓋房子的工人，不是囚犯⋯⋯

（噗嘶一我可以弄一個高級金錶給你，你給我一磅香腸和六顆蛋。）

（一言為定。）

波蘭人一無所有，只有農場來的食物，很樂意交換。

奧斯威辛洗衣部的主管是個好人，戰前和我們家很熟⋯⋯

我向他弄來便服，穿在制服裡面走私出去。我很瘦，衛兵看不出我多穿一層。

哪，伊鐸，我弄到一大塊起司送你。

送我？很不錯嘛，史畢格曼。

你另外還有什麼？一條麵包？富翁哦！

不行！安排我弄到起司的人，我要用麵包酬謝他！

哼。

伊鐸這人很貪心。凡事都要我冒險只為他一個。我自個兒也得吃啊。

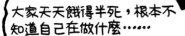

大家天天餓得半死，根本不知道自己在做什麼……

每天早餐，我們只喝一種樹根煮的苦茶。

我趁大家還沒醒，提早下床去廁所，看看還有沒有茶剩下。

一天能喝一碗蕪菁湯。如果排太前面，整碗只舀到水。

攪一攪！攪一攪！

排後面比較好——成塊的東西沉在湯底。

可是，墊底也不好。

…因為常常最後沒湯可舀了。

每天我們領一小塊麵包，硬得像玻璃。

麵粉裡面摻了木屑——烤成磚塊，吃一小塊撐一整天。

多數人一口吃光光，我卻總是省下一半。

晚上，我們分到餿掉的起司或果醬。運氣好的時候，一禮拜有兩三次能分到一條香腸，像我兩根指頭一樣大。我們只吃這麼多。

分到的東西全吃掉，只夠你死得慢一點。

每天有早點名和晚點名各一次，數數活人有幾個，死人有幾個，看看有沒有人失蹤……

有時候他們數了又數，罰我們整晚站。

點名時，有個老傢伙老是抱怨……

他們全是臭猶太和波蘭佬，我跟他們不一樣！

我是德國人，和你一樣！

我有德皇頒發的幾面勳章。我兒子是德國軍人！

可惜他挨打被嘲笑。

他真的是德國人嗎？

誰曉得？那裡面也有德國囚犯⋯不過對德國人來說，這傢伙是猶太人！

有一次點名，他沒立正，被衛兵拖走，推他到地上，用力踩他的脖子……

或者是把他送進毒氣室，我不記得了，不過他是被解決了，永遠不抱怨再也。

210

211

來…午餐時間到了，我們趕緊回小木屋。

所以說，你是真的聯絡到在比克瑙的安雅？

對。透過曼琪，我真的聯絡到你媽，後來我更能帶她去——

等等！曼琪是誰？

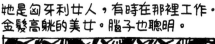

她是匈牙利女人，有時在那裡工作。金髮高挑的美女。腦子也聰明。

去那堆木柴後面休息。衛兵一接近，我會通報妳。

（噗嘶，小姐，我在這上面！我知道妳的心多好。幫幫我，拜託！）

什麼？（怎麼幫？）

（我太太在比克瑙，我為她擔心。妳能幫我打聽她是不是還活著？）

我說出安雅的姓名和編號。

（我省下一點食物，可以答謝妳的幫助。）

（食物你留著。過幾天，我們會再來這裡勞動。我去幫你問問看。）

她有個男朋友，我後來聽說是親衛隊員男友幫她安插閒缺，讓她在比克瑙管十到十二個女囚。

每天我找她。過了四天，看見她了。

我遇到一個索斯諾維茨來的安雅。她身子非常虛……

她假裝對著女囚講話；我只對著錫板自言自語，以免引人注意。

有人告訴她，她先生還活著，她一聽喜極而泣。

我聽見這句話，自己也開始哭了一點。曼琪她也哭起來。

過了幾天，曼琪又來了。

我在門口旁邊的石頭下放了一點「垃圾」。

她幫我帶信過來——真的一封信！——安雅寫的。

她寫說，「我想你。每天我想衝向通電的鐵絲綱，想一了百了，但如今我知你活著，我心中燃起活下去的希望…」

她告訴我，主管對她苛得很，派她做不來的工作給她。

例如從廚房提著大桶湯跑出去。

即使是我，這種湯桶也覺得重，那麼瘦小的安雅更不可能。

她提的那邊握不穩，總是把湯給灑了。

主管毒打安雅，卻繼續派同樣的任務給她。

如果湯全被安雅灑了一地，大家都休想吃飯了，尤其是安雅。

我寫給她：「我總是惦記著妳。」我託曼琪帶兩塊麵包給她。

她挾帶食物進營區如果被親衛隊發現，她會馬上被處死。她照樣帶進去。

她說，「如果兩人愛得這麼深，我非盡我所能幫忙不可。」

每一天，我被趕著上工，希望能再看見曼琪……

每一天，我被趕著上工，希望能再看見曼琪……

說不定他能再傳安雅的消息給我。

我剛讀到，你們走出大門時，營區的管弦樂隊會演奏歌曲……

樂隊？

＊松林勿入

哪有？我只記得被趕著走，哪來的樂隊……

從大門，衛兵帶我們到工廠。怎麼可能有樂隊？

我不清楚，不過很多文獻都記載……

沒有。在大門，我只聽見衛兵吼叫。

你有沒有跟衛兵講過話？

啊！我們才不配跟他們講話，我們根本不算人類。不過，有一個傢伙……

如果他開口先，我當然回應。他還有一點點良心。

啊。早安。春天的空氣讓我聯想到老家……在紐倫堡……

對。我去過。好美的城市。

如果他看我順眼，說不定到時候不會把我給槍斃。

有一次他幾天沒出現……

你臉色好蒼白。病了嗎，軍人先生？

沒有……我前幾天去…去比克瑙執勤。

對…我聽說過那裡的情況……

閉嘴！

他怕了，後來不開口了就。

214

我去找安雅時，親眼看見那裡的情況……

你見到安雅了？

對。每過幾天，有個親衛隊委員來錫廠……

你這裡有多餘的工人……

讓我帶十個男囚去大營區做其他勞動。

嗯…那個給你，那個也……

不行！不能帶他走！我的屋頂工比他好的沒幾個…帶那個走……還有那一個……

倒楣鬼被派去做苦工，幸好伊鐸護著我。

…派一組人去比克瑙的 BIb 營舍。女營的屋頂塌了幾間。

讓我去比克瑙。我沒去過。

去吧，史畢格曼。去了回不來，我也懶得管。哼！我送走了高手錫匠卻留著你。為什麼？！

就這樣，我和幾個錫匠被趕進比克瑙。第一次進去是一九四四年夏天。

成千上萬──幾十萬個匈牙利人這時被運進來。

215

一進比克瑞，我們喊名字，希望親人還活著，別人也許知道。

伊娃。羅茲人。伊娃·戈伯格！

索斯諾維茨人。安雅·澤貝伯格！

天啊，是符拉迪克！我去找安雅！

我樂死了。有人帶安雅過來。

別抬頭看，親愛的，恐怕會被衛兵發現。

她活像一具骷髏。

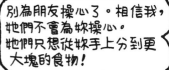

曼琪有沒有送我的信給妳？

有。有機會，他都幫我安排進廚房工作！

我朋友在外面等，我帶小塊食物給他們。

怎麼行！食物妳自己留著吃！不然妳工作沒了怎麼辦？假如曼琪出事了，妳怎麼辦？

別為朋友操心了。相信我，他們不會為妳操心。他們只想從妳手上分到更大塊的食物！

不過，我朋友老是喊餓，而我……我食慾不太好。

我乞求妳，安雅——好好保重自己，看在我分上。

能再看見你，我精神就來了。

我該走了，以免被人發現我不在。

我……我想妳…時時刻刻。

216

在比克瑙有幾次，我遇到大麻煩。下工時，我經過安雅……

符拉迪克！符拉迪克！符拉迪克！

安雅！親愛的！有沒有收到我送給妳的食物？

有，你總是為我安排奇蹟。

我想睬…時時刻刻。

我們只聊一下子，我就走了。

一個衛兵對我大吼：

止步！

你剛跟誰講話？

沒……沒人……

有個陌生人問我認不認識她在奧斯威辛的兄弟。我根本不認識，所以只敷衍她一句。

進去！

等我解決你，你就認識了，猶太皮條！進來這裡不是給你打情罵俏聊閒話的。

數我打你幾下。不數——我就從頭再打！

EINS!
ZWEI!
DREI!

*德文：一！二！三！

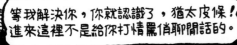

結果我挨打了，我還能怎麼告訴你？謝天謝地的是，幸好安雅沒有挨打。被打的話，她一定沒命。

接下來幾天，我很難做工，但我也不想進醫院，因為擔心一進去就出不來。

醫院不是治病的地方，裡面全是病重到沒辦法勞動的人。

每天有幾次「篩選」，醫生會挑出比較衰弱的幾個去送死。

整個集中營都有篩選。有兩次，我站在曼戈勒醫生面前。

我們渾身光溜溜，像士兵一樣立正。他看一眼說：「面向左！」

我被檢查看有沒有傷口或瘡。然後醫生又喊：「面向左！」

檢查看看你是不是因為缺乏飲食而太瘦……

面向左！

如果你身體還健康，能勞動，你會被判合格，又領制服，等下一次篩選……

我第一次遇到篩選，身強力壯，他們一看就送我到好的一邊。

運氣沒我這麼好的人全被親衛隊寫下編號，送到另一邊。

第二次篩選，我在營舍裡。我的上鋪睡一個比利時好男孩。

我夢到老婆還活著。她炙烤了一頓大餐，淋上濃濃的肉汁，還有炸——

菲利克斯，別再說了！不要再想食物！

夢裡，我們在等客人上門。我們等了又等⋯然後，鈴響了。我醒來，來不及品嘗——

BLOCKSPERRE!

「關關」指的是囚犯不准離開營舍。

然後，猶太人被帶去篩選。我又被叫到好的一邊，不過比利時男孩他可能出疹子，編號被寫下⋯⋯

他隨時可能被拖走。整晚他哭鬧不休。

AAWOOWWAH!

給你，菲利克斯，來一塊麵包⋯⋯

*啊嗚哇啊！

啜泣

我們所有人遲早會被解決。這禮拜是你，下禮拜換我⋯⋯

⋯沒人逃得出去。你一定要堅強⋯何況，誰知道呢？說不定根本還沒輪到你⋯⋯

他平靜了一些⋯⋯

不過後來，他又發作了⋯⋯

AWOOOWAA!

*啊嗚哇！

我又能怎麼辦？總不能哄他說，納粹不會拖他走⋯結果隔天，他被拖走了。

在錫廠…我還是以同樣方式和伊鐸相處。

今天只給我一顆蘋果？生意這麼差啊，費先生？

那間本來不是有個鞋匠嗎？他怎麼了？

很多波蘭囚犯被送去德國境內集中營。我的幾個手下也被帶走。

我跑去找所有工廠的大主管。

你需要新鞋匠嗎？

需要啊。原有的鞋匠被親衛隊帶走了，要修的鞋子仍然一直進來！

正好，我從小修鞋子長大。

你看起來不像修鞋匠…你是個錫匠！

難道要我在額頭上寫鞋匠嗎？

好吧，那…你修修看這個！

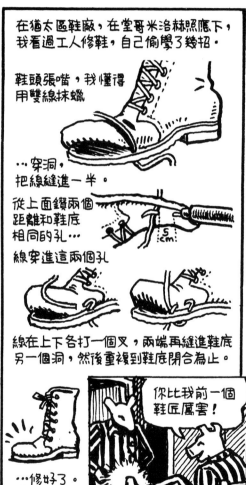

在猶太區鞋廠，在堂哥米洛赫照應下，我看過工人修鞋，自己偷學了幾招。

鞋頭張嘴，我懂得用雙線抹蠟

…穿洞，把線縫進一半。

從上面鑽兩個距離和鞋底相同的孔…

線穿進這兩個孔

線在上下各打一個叉，兩端再縫進鞋底另一個洞，然後重複到鞋底閉合為止。

你比我前一個鞋匠厲害！

…修好了。連縫線都看不見！

懂沒？什麼事都學著點，對你有好處。

220

成了鞋匠，我有個暖和的私人房間坐……

哈！我知道你是個內行錫匠，沒想到你別的才華這麼多！

進這裡，我再也不擔心被伊鐸出賣。

修鞋底和鞋跟我懂，但蓋世太保的要求太高，我得找行家。

鞋子修好了，隔天我給蓋世太保。

嗯

他帶走靴子，不多說什麼。

長官的鞋子通常送進營區裡的大廠修理，不過他們比較喜歡我修。

這是新靴子。修理的痕跡不能顯露。

破得很厲害…我盡量補補看。

限你明天修到像新品一樣，不然你休想待在這裡，懂了嗎？

於是，下班時，我挾帶鞋子去奧斯威辛找真格的鞋匠。

你能修嗎？我可以送你一天份的麵包。

有一天份的麵包，再破的鞋子我都能修！

我仔細看著學，下次能省下麵包就。

回來時，手上多了一整條香腸。

你修得不錯。

一整條香腸，意義多大，你想像不到！我拿鞋刀切香腸，吃得好急，結果後來肚子有點不舒服。

221

當鞋匠後，我不能再和波蘭工人做走私生意，不過我日子照樣過得不錯……

鞋子被我修好的蓋世太保向朋友推薦我，所以朋友一個個來找我修鞋子，用糧食酬謝我。

我有時分給老大吃。

我剛安排到幾顆蛋——要不要來一個？

你這猶太人太友善了！好——我們可以用熱水壺一起煮。

想活下去，友善一點準沒錯。

這裡有些麵包和著吃。

好棒！欸，那邊在蓋什麼新房子，你知道嗎？

幾間新工廠而已。他們想擴建聯合軍需廠…

也想增建幾棟營舍，把一部分女工從比克瑙調過去。

我…我太太在比克瑙。我可以把她移進新營舍就好了！

哈！不可能！你可要用一大筆錢才能買通！

他剝開起司，自己吃一塊。

包裝紙可以給我嗎，拜託？

呃，好。紙可以給你，起司就別妄想了！

我要紙寫信給安雅！

在那裡，連紙也難得。我朋友有需要總是來找我。

我撿到就收好。上廁所，多數人用衣角或用手擦。

為什麼別人不把紙留著用？

啊！多數人啊，你也曉得！

就這樣…我寫信告訴安雅，我現在是鞋匠，聽說這裡增建新營舍……

曼琪幫我帶信。她心腸好，每次都帶。

在我信紙背後，安雅回信說她多想搬進我附近的新營舍。

安雅的營舍擠了大概一千個女囚，老大很兇，見人就打。

賊！我看見妳又拿一塊麵包！

沒有。我——

靴…靴子很美——鞋底開花了，多可惜。

什麼？管妳啥事？

她穿皮靴——不是木鞋。她的鞋子破破爛爛，但真的是皮靴。

我丈夫在奧斯威辛當鞋匠，妳可以送去給他修……

喔，是嗎？

就這樣，安雅把靴子安排給我。

我當然把鞋子修得整整齊齊，之後老大對安雅的態度大轉變。

妳提湯桶太重了。進我房間休息一下，等點名再出來。

…大轉變。

223

要是安雅能調來新營舍，我不曉得會多高興。

想「安排」，可以用一百支香菸和一瓶伏特加，不過這算是天價。

一天份麵包 ＝ 三支菸

兩百支菸 ＝ 一瓶伏特加

你從哪裡弄到香菸？

每禮拜，工人能領三支。

集中營也發奢侈品啊？

對。不想抽菸的，可以和別人交換麵包。

為了把安雅調過來，我稍微挨餓。

我安排到的東西，收進盒子全，壓在床墊下。

不過，有一次下工回來……

不…不見了！

告訴你，我當時好想哭。

你把盒子留在營舍裡？怎麼可能不被拿走？

我當時沒考慮到……

可是，大家都快餓死了！唉——我猜我搔破頭皮也不會懂

對…奧斯威辛的事情，沒人能懂

後來…我再存一大堆東西行賄，把安雅調來我附近。一九四四年十月初，我見幾千個女囚住進新營舍……

安雅也在其中。這是我安排的成果。我在奧斯威辛期間只有這次開心。

224

趁沒人注意，我來回走動，遠遠看見她正要進彈藥工廠……

她也來回走，安全時才靠近過來撿食品包裹……

不過有一次，情況非常糟。

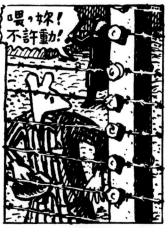

喂，妳！
不許動！

放下包裹，
馬上給我站住！

不許動！

她拔腿跑——不明不白跑進自己的營舍。

裡面只有一個安雅的朋友，正在打掃……

幫…幫我羅妮亞，快！

鑽棉被躲進去！

我知道妳躲在這裡。
等我揪妳出來，
我當場揍死妳！

營舍裡分幾個房間，床位好幾百個。安雅趴在其中一張床，嚇得連呼吸都不敢。

225

看我宰了妳！
宰了妳！

她像瘋婆似的，一間一間搜，天翻地覆，找了大概一小時。

嘿！點名前把所有床鋪整理好。

好了，安雅，安全了。妳可以出來了。

可惜風波還沒結束。

晚點名時，瘋婆老大又來了。

今天下午被我追著跑的囚犯，馬上給我站出來！

不過你母親沒有站出去。

再不站出來，被我逮到，妳會更慘！

她來回走，每一張臉都看，不過由於大家全穿直條紋囚衣，長相一樣全都。

知道是哪一個的人，趕快把她推出來，否則全體都遭殃！

她叫大家跑跳伏地，直到所有人沒力氣。然後再來，重複。

同樣情形在幾次點名重演，幸好安雅的朋友沒有一個出賣她。她當時的心情，你可想而知。

送包裹給安雅的事，我不得不停止。

反正不久後，我工作也丟了，整個廠房被關閉了都……

我被趕回大營區歸建，被派去做黑臉工。

黑臉工？

來回搬大石頭，挖坑，每天任務不同，不過天天同樣辛苦得很……

頭會挨打，或者更慘。

不過，只要你動作停一下，想喘一口氣，你就有罪受。

我從來沒挨打，因為我用盡了渾身所有肌肉。

我比較喜歡室內工作。有時候我是「Bettnachzieher」……整床者……

大家都摺好被子後，我們負責把床鋪整理得更好，草墊整整齊齊看起來。

有這麼扯的任務！

才不扯。他們要所有東西整齊有秩序。

不過那陣子，我變得好瘦，而且碰到篩選又。

BLOCKSPERRE!

可能這次輪到我了。

我趕緊衝進廁所。如果有人進來找，我會推說我吃壞肚子。反正情況不可能更糟了。

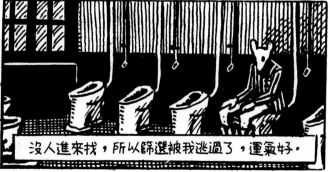

沒人進來找，所以篩選被我逃過了，運氣好。

227

焚化廠有四間，我來到其中一間，外表像一大間麵包廠……

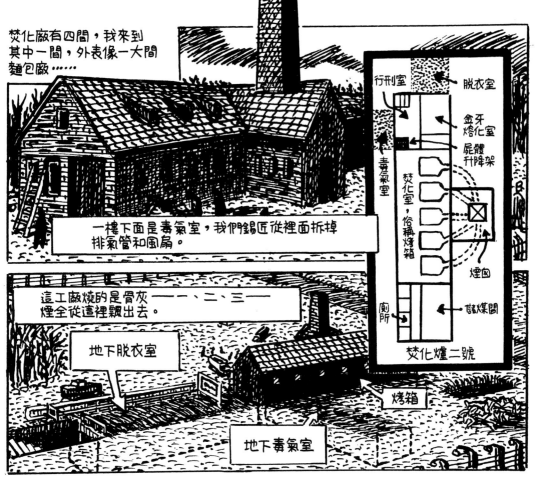

這裡工作的特別囚犯和其他人隔離，領到的麵包比較好，不過每隔幾個月，他們也會從煙囪飄走。其中有個人對我說明一切。

所有人擠進淋浴室，門緊密關上，燈光全暗。

殺蟲劑齊克隆B被倒進空柱子裡。

三到三十分鐘，視他們放了多少毒氣而定…不久，裡面沒有一個活人。

最厚一疊的屍體壓在門邊，因為大家爭著出去。

在那裡上班的一個人告訴我……

我們用鉤子把屍體分開。好厚一堆，體力最好的趴在最上面，老少被壓在底下……通常顱骨都被壓碎了……

想爬牆，手指都磨爛了…有些人脫臼，手臂變得和身體一樣長。

夠了！

我聽不下去了，他講給我聽照樣。

屍體被升降機載上去烤箱——好多個烤箱——每個一次燒兩三具。

這種地方解決了我父親、我兄弟姊妹，好多好多人。

231

他們在挖什麼？
戰壕嗎？以防俄軍
攻進來？

戰壕——哈！
是大墓穴啦！
等著填滿……

從五月開始，整個夏天持續。
匈牙利猶太人被運進來——人太多了，
烤箱燒不完，只好挖巨坑來焚屍。

坑大得像松林大飯店
游泳池那麼大。

火車一班接一班載
匈牙利人進來。

被毒氣室解決、然後被推進墓穴的人還算運氣好。

被逼著跳進去活埋的才倒楣……

在這裡工作的戰俘對著死人活人潑汽油。

屍體燃燒時流出的油脂被他們蒐集，淋到火上頭，
好讓大家燒得更徹底。

天啊。

啊!兩點三十了。
時間過得真快。
今天還有好多事沒做……

有碗盤要洗,有晚餐
該解凍,而且我的
藥丸還沒數。

我不懂…
猶太人為什麼
不反抗看看?

沒你想的那麼容易。大家又餓又怕都,
而且也累,連眼前的狀況都不敢相信。

…而且,猶太民族總抱著希望過日子。
他們希望子彈從納粹槍口射到他們的
頭之前,俄軍會攻進來。

糟糕!

CRASH!

*啪!

慘了!我腦子壞了,
看見沒?我最愛的
盤子給摔壞了!

不過是個盤子而已嘛!
…為什麼猶太人不試
試看,一次收拾一個
納粹?

有些地方,的確有囚犯反抗…不過,幹
掉一個德軍之後,他們會馬上解決掉
一百個戰俘。到時候,所有人死光光。

…反抗也是全死。嗯?

不准丟掉!我可以把破盤子黏起來。

以後換我洗
盤子好了。

不行。你可以去拿火雞
腿出來解凍…給你洗,
你不弄破所有盤子才怪。

那一夜……

呼。他終於睡了。

整天在他身邊好辛苦。他從頭到腳瀰散急躁的氣息。

可憐他了。他比平常更難纏，我猜是因為瑪拉……

才不是，他一直是那樣…瑪拉離家出走，為的就是這原因。

他們能復合嗎？你認為呢？

希望如此。不然，他歸我們照顧，我不認為我能忍受他多久。

AAWOOWWAH!

什…什麼怪聲音？

嘔，沒什麼…只是符拉迪克…

*啊嗚哇！

他又在睡夢中哀嚎了。我小時候聽見，以為所有成年人睡覺都鬼叫。

AWOO

唉。這裡半夜好安詳，幾乎不可能相信世上真的有奧斯威辛。

嗯嗯。哎唷！

SLAP

*啪

蚊蟲快把我活活叮死了！

我也是。

PSHT

*嘶—

來，我們進去讀書…反正外面有點涼。

234

第 三 章　…我 的 麻 煩 這 才 開 始 …

我去收拾瑪拉留下的食品，待會退回去給 Shop-Rite 超市。

想吃穀片自己來……　謝了，不要。我喝咖啡就好。

拜託。嘗嘗看才曉得滋味多好。

謝了，不要。我不喜歡這品牌。

可惜裡面含鹽和糖，對我來說是毒藥——我給妳一點吧，好不好，芙蘭索瓦絲？

不用了，謝謝。

浪費了多可惜。我打包讓你們帶回家吃。

這盒差不多空了。留這裡就行。

好吧，不要就算了。這裡有蜜餞糕，嘗一塊吧？

我不餓！

算了。我可以把蜜餞糕放進穀片盒，給你帶回家。

爸，我們都不要，可以嗎？行行好！

我忘不掉…遇到希特勒之後，我連碎屑都捨不得丟掉。

可惡，那就把穀片留著啊，以防萬一希特勒重出江湖！

這盒子我可以黏回原狀，不過我認為超市不會准我交換！

爸，對不起，剛才對你發飆……

對。這裡牆薄得很，鄰居全聽得到。

我是說，瑪拉走了，芙蘭索瓦絲和我都對你放不下心，可是，你不能指望我們搬進來陪你長住……

誰說長住？我只要你在這裡陪我享受夏天…住宿費全付了，不能退錢。

回紐約之後，你能獨自生活嗎？

自個兒，我日子反而比和瑪拉在的時候更輕鬆，相信我。

來。我們三個一起坐前座。

對了……昨晚我讀到奧斯威辛……

在毒氣室工作的幾個戰俘叛變，殺了三個親衛隊員，炸掉一座焚化爐。

對。為了這事，他們全死了。

另外為了這事，有四個女孩溜進彈藥工廠，她們全被吊死在我工廠附近。

她們是安雅的好朋友，是索斯諾維茨老鄉。吊在那裡好久好久。唉。

假如再等兩三星期後，她們就不會被吊死了…
那時候快結束了，在奧斯威辛。

聽見沒，符拉迪克？前線離這裡頂多二十五英里而已……

*轟轟

再多活幾天，俄軍就能攻進來了。

辦公室小弟知道傳聞。

德軍緊張起來了。高官已經逃回去納粹德國。

他們打算把所有人押回德國境內的集中營。所有人！

不過，我們幾個人另有盤算…我們不跟！

你在洗衣室不是有個朋友？叫他幫我們弄幾套便服，加入我們。

他趕快帶我進營舍的閣樓。

這一間空著。等疏散開始的時候，我們七人可以上這裡躲。

我們安排好了衣物，甚至也弄到證件，也藏了半天份的麵包。

240

最後幾次點名，
我們躲進閣樓。

蓋世太保到處鬼叫，每個戰俘分到一塊麵包和
一條香腸，被一腳踹出大門，行軍去。

辦公室小弟衝進來……

壞消息！
不走不行啊！

他們準備放火燒掉集中營，炸掉所有房舍！

快走！

最後營舍沒炸，但我們當時無法預知。我們嚇得扔下一切，連我們安排到的便服都沒帶。

天已經黑了，我們每人分到一條毯子和
一點糧食帶著，從奧斯威辛出發。
我們可能是最後一批。

整晚我聽見槍聲。累了，走得太慢，被槍斃就。

路走愈久，聽到的槍聲愈多。

白天，我遠遠看見。

＊咔答

有一個人跳來跳去，翻滾了二十五或三十五次，然後不動。

我說，「喔，大概是一條狗被射死了。」

小時候，我們鄰居養一條狗，瘋了亂咬人。

＊砰

鄰居拿步槍出來射牠。

狗在地上打滾，翻來覆去，對著空氣亂踹，最後靜靜躺著。

那時我心想，「多奇怪啊，人的反應和鄰居那條狗沒兩樣。」

242

閣樓好漢其中一個跟衛兵商量……

嘿嘶——想想看，戰爭快結束了。我們有些人想逃進樹林裡。我們付得起……

?

這袋金子給你和前後的衛兵分。我們跑的時候別開槍……

到深夜，我們會對你們打暗號，對著你們上空開槍。

整天都在安排著……

夜裡出現一陣騷動。八九人逃跑了……

＊砰

安排好了，符拉迪克。幫忙出點錢給衛兵，加入我們。

啊。怎麼信得過德國人呢？！

BANG

當然不能信任……

就這樣，大家繼續行軍，走個不停，沒倒地的人繼續走。

243

我們來到格羅斯－洛森（Gross-Rosen）。

波蘭
一英寸＝九十英里

布雷斯勞
格羅斯－洛森

德國

蘇台德
地區

捷克斯拉夫

琴斯托霍瓦

克拉科夫

奧斯威辛

這裡有個小營區，沒有瓦斯。

各地來的戰俘有幾千人，全被趕回德國。

到處亂糟糟，常有人挨揍。慘啊！

你們幾個混帳！去廚房搬湯桶來——兩人合搬一桶。

我們二十個被抓去提湯桶。

這裡的情況你看清楚沒？和我合作！

我趕緊抓一個像我這樣還有體力的人。

一直行軍沒飯吃，多數人根本提不動。

快！快！

我聽見後面有叫嚷聲。我不敢回頭看。

懶惰鬼！看那兩個跑多快！

我們因此多喝一點湯。多數人運氣不好，體力和我們沒得比。

早上，我們又被趕出去行軍，終點不明……

我們路過一個空鎮，看不到一個老百姓。我們遠遠看見火車。

是運牛馬的貨運車。

進去！
往前走！
走！

被推到水泄不通。

我們像火柴，像沙丁魚，
前胸貼後背。

我擠向角落，以免被
擠扁……

我看見頭上有等個鉤子，
可能是用來掛牲口的。

我領到的薄毯子還在。

我站上別人肩膀，
穩穩勾住毯子。

坐這上面，我可以稍微
休息喘氣。

這毯子救了我一命。
這車廂擠兩百人，活著
出來的大概二十五個。

火車動了，我們不曉得被運去哪裡。

然後，火車停了。

幾天幾夜沒動靜。

沒水喝，沒糧食，車廂裡只有慘叫聲。

有人暈了，有人死了……

哎唷！我的腿！被人刺了！

哎唷！

沒有空間可以躺…站不住的人只好被踩。

被踩的拿刀戳別人腿，通常最後還是死了。

想大小便只好站著解決。

還有東西吃的就吃了。

我只吃車頂上的積雪。

有人偷帶砂糖，吃了喉嚨灼痛。

我的喉嚨！快給我水！水！給我一點雪！

我伸手只夠給我一人吃！

拜託！拜託!!我求求你啊!

好吧。給我一點砂糖，我幫你弄點雪……

就這樣，我有砂糖可吃，也救了別人。

246

火車繼續停著，完全不動，不曉得過了多久，一個禮拜吧……

後來，車門開了……

屍體丟出來，髒東西清乾淨！

死人如果還剩麵包，或鞋子比較好，我們就留下……

外面有好多火車，一停就幾個禮拜，一直沒人去開車門，結果大家死在裡面全……

…他們用不著了。

車門又被關上。有地方可站了，大家好高興。

後來死的人被堆在門前。每天德軍開門喊：「死幾個？」我們丟屍體下車。不久後，我們甚至有坐下的位子。

火車又啟動，又往前走…車上的我們又有人斷氣，有些人發瘋。

門打開，我們把屍體扔下車……

我們非出去不可！放我們出去！出去！出去！

然後，又停車了。

所有人下來！

我們不相信眼前的景象！

紅十字會！……

好耶！女孩們發給每人一份點心——一小杯咖啡和一塊麵包……

麵包長什麼樣，我們甚至不記得了。我們樂翻天了。

然後，我們被趕回車上等死。旅程繼續……

全歐洲的集中營戰俘全被帶回德國境內。

半路上，我們發現終點站是達豪（Dachau）。

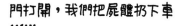

那時是一九四五年二月初。沒糧食，人擠人——
開車要看路啊！

啊！超市在那邊，你剛沒轉彎！

*吱

來，我們去退還日常用品。

才不要！已經開了、吃過的東西一堆想退還，我才不去。

有什麼好丟臉的？這些東西我又不能吃。好吧，你們在車上等我去安排。

我敢跟你打賭…安雅的筆記簿裡，每頁一定是兩面都寫字……

呃？我不記得了。提這做什麼？

嗯…如果裡面有空白頁符拉迪克絕對捨不得燒掉。

嗯嗯…看！從窗外看得見他！

天啊。符拉迪克和經理正在吵架……

現在經理丟下他走了……

現在符拉迪克走在他後面纏他……

好丟人喔。

唉。我寧可自我了斷，也不想經歷那種事…

什麼？退還商品嗎？

不是。符拉迪克經歷過的一切，他能活下來是個奇蹟。

嗯嗯。不過就某些方面而言，他沒有活下來。

也許我們該多陪他幾天。他需要人幫忙。

妳開什麼玩笑？

…我不認為我們活得下去。

唷呼！

看見沒？退還成功了，而且只花一元，就買到六元的日常用品！

不可思議！……

…我們還以為你一定會被趕出店門！

什麼話？經理是個好心的紳士……

我解釋自己健康情況，說瑪拉扔下我，提到集中營的事，他一聽馬上就幫忙我。

好了！上車吧…我們永遠沒臉再來這間了。

250

我們現在開車回去，我想打電話給律師對付瑪拉。

達豪…你剛說那裡的集中營很擠……

對——那集中營——好慘！我好苦啊，一言難盡…在達豪，我的麻煩才開始。

我們被鎖進營舍，坐在乾草上，只等死。

乾草裡有蝨子。

蝨子會傳染斑疹傷寒。

我們只有麵包和湯可吃，但條件是檢查衣服要過關……

衣服被檢查出蝨子，就沒湯可喝。這太強人所難了。蝨子到處都是啊！

假如有人有湯可喝，別人不小心害他灑出來，狀況就來了……

兩人會像野獸打起來，不見血不甘休。

餓到沒有理智，你們不會懂的。

在達豪，我手被細菌感染了⋯⋯

我想讓傷口發炎更嚴重⋯⋯

好讓他們送我去醫務室。

每過幾天，有人會來看誰病了。

跟他們去⋯⋯

因為，我聽說醫務室是人間樂園。

把這藥膏塗在他手上，包紮好，很快就消炎。

在這裡，我一天有三餐可吃，一張床睡兩人只。

我盡量單手工作，好讓他們喜歡我。

怪事。早該痊癒了啊！

我每天摳傷口，希望多住幾天。

哎唷！

對！再攤開！

真的好痛好痛⋯⋯

我開始擔心手傷，就讓它慢慢痊癒。

⋯⋯現在手心這裡還有疤痕。

有東西吃，我想到一個點子……

噗嘶——想不想買巧克力？

巧克力？！我像富翁嗎？

我想跟你換上衣。

我的上衣？！你瘋了——我會凍死啊！

嗯——附帶一天份的麵包就好談。

在奧斯威辛，一件上衣沒這麼貴，不過這裡完全沒物資進來。

我仔仔細細把衣服洗乾淨。

拿到外面晒乾。

幸好我撿到一張紙……

所以，我把衣服包好。

舀湯的時候，我才打開。

現在我有一件完全檢查不出蝨子的上衣了！

舊上衣就塞進背後，只拿出新上衣受檢。

好。

我馬上有湯可喝。

你是個天才，符拉迪克。天才！

我也幫法國人安排到一件上衣，所以兩人都有湯可喝。

但是，過了幾個禮拜，我病到無法進食……

斑疹傷寒！

發高燒，睡不著。斑疹傷寒！

每晚都有人病死。

夜裡，我想上廁所，所有屍體集中在走廊，每一步都難走……

會踩到他們的頭，很恐怖，因為皮肉滑滑的，每一步都像差點摔跤。這是每晚都有的事。

得了斑疹傷寒，每晚又得踏屍體去上廁所，我心想，「我的死期到了。輪到我躺下去，給人隨便踩！」

後來，醫務室來了一個人，我還活著……

在醫務室，我太虛弱，沒辦法動作，更別說起床去上廁所。

很多人沒活到能進醫務室斷氣。

我請隔壁扶我，不過才過幾小時，他們死了，換別的病人進來。

病人有麵包和湯，但我虛弱到吃不下……

所以我將麵包藏在枕頭下。

嘿！這人的床下藏了好多餿掉的麵包！

嗯，收走吧…他用不上了。

我慘叫，卻叫不出聲音。

嗯嗚。

我虛弱到沒聲音……

所以我拿鞋子猛敲。

KLAKK
KLAKK
KLAKK

別再敲了！

去你的！麵包還你！

我吃不下，把麵包切成幾小塊，分給願意扶我去上廁所的人。

後來…燒退了，新狀況來了。

注意！…

有體力能遠行的人，去外面排隊……

你們會被送到瑞士邊界去交換戰俘。

我該不會是在作夢吧？！

他們喜歡送走病號，但不能病太重，否則到站死了也是白送。

我身子很虛，幸好我有麵包可送，有兩個朋友扶我走。

即使他們鬆手一秒，我也會腿軟倒地。

不過，我總算走出大門……

嘩！火車！

不是運牛馬的牲口車，而是載人的真火車。

我以為這班一定是給蓋世太保搭的。不是！

火車載我們離開達豪，朝瑞士方向跑。

救你的那個法國人呢？

對。他是個好心人⋯⋯

我連他名字都不記得，不過他現在住巴黎⋯戰後幾年，他用我教他的英文和我通信。

呃⋯⋯他的信，你有沒有留下來？

當然有。不過和安雅的筆記本被我扔了全。

大戰時代的東西呀，我想從腦海裡一併清除掉⋯是你最近訪問我，我才重建的。

?!

*吱

哈?! 芙蘭索瓦絲，幹嘛停車？還沒到小木屋村啊。

有人想搭便車⋯⋯

SKREEEEK!

搭便車？喂，是有色人種啊，是黑鬼啊！

大夥好。

趕快踩油門！

258

謝了。大熱天走路好辛苦!

MÓZ BOŻE! CO SIĘ STAŁO JEGO ŻONIE? CZY ONA ZGŁUPIAŁA?※

*波蘭文英譯:我的天啊!媳婦怎麼搞的?神經失常了!!

咱表哥家這條路一直走就到了。

PSIA KREW! CHOLERA! TO NIE MOZLIWE. A SHVARTSER SIEDZI TU ZE MNĄ!※

*波蘭文英譯:囮!★!!我不敢相信!車上坐了一個黑鬼!

大夥保重啦,祝好。

芙蘭索瓦絲,妳怎麼搞的?發神經不成?!

一路上,我時時注意黑鬼有沒有偷後座的日常用品!

什麼?!

太過分了!被歧視的苦,你比別人更懂,怎麼講這種話!口氣像納粹罵猶太人!

啊!…

芙蘭索瓦絲,我還以為妳頭腦沒那麼簡單……

黑鬼和猶太人,怎麼能比較!

可是，你竟敢一竿子打倒所有黑人，
說黑人愛偷竊！這太——

少囉嗦了，行嗎？
你根本不懂他們…

我剛來紐約，在服飾中心工作。
在那之前，我沒見過有色人種……

那裡到處是黑鬼。我放下貴重物品
一秒鐘只，馬上被他們拿走！

可是，
你一

算了啦，
老婆……
他無藥可救。

對！…

最好還是算了。

啊！…看，孩子們…
甜蜜的家到了已經…

…現在可以做一頓非常快樂的午餐，
用我新買的東西。

幸好，謝天謝地，你那個黑鬼沒偷。

COSMO
BUNG
COLO

＊大都會小木屋村

第四章 救獲

回到皇后區。晚秋……

我老是節省……

節省只為了存點養老金。

現在老了，看我落到什麼田地……

帶著氧氣筒走，身體虛弱得很，心臟不好，也有糖尿病，不能獨居了再。

家裡空得很，你和芙蘭索瓦絲可以來住，房租免……

不要！甭談。

那我要怎麼過日子…告訴我！搬去養老院，我才不要。

嗯，乾脆請個居家護士？憑你的財力請得起。

有女人搬進來和我住，被鄰居看到會講什麼閒話！

什麼？？那就請個男護士！

對！你和瑪拉，你們都不會賺錢，只會讓錢蒸發！

如果我把十萬元轉給瑪拉名下，她就願意搬回來住。你建議我這樣嗎？

你作主。

我只是不曉得我日子該怎麼安排⋯或許找個房客租你房間，照顧我順便。

嗯嗯，也好⋯

呃⋯來！幫我把防風雨窗搬上樓裝好。

可惡！我正希望再聽你講往事⋯

裝好再說吧，現在我冷了。防風雨窗不裝好，暖氣飄走，我荷包遭殃。

唉。

過去幾年來，防風雨窗老早裝好了，我自己，哪需要幫忙。

好啦⋯我幫你，不過，你要先再多談一點安雅的事。

安雅？有啥好說的？現在不管我往哪裡瞧，都看見安雅⋯⋯

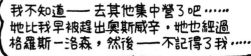

還能看的眼睛看得到，玻璃眼珠也看得到，睜著閉著都看見，時時刻刻想念著安雅。

呃，我指的是，你在達豪的時候，安雅在哪裡？

我不知道——去其他集中營了吧⋯⋯她比我早被趕出奧斯威辛。她也經過格羅斯—洛森，然後——不記得了我⋯⋯

安雅是怎麼活下來了？

托曼琪的福。就是我在奧斯威辛認識的匈牙利女孩——她把安雅帶在身邊。

戰後，我一直找曼琪，想好好報答她，可惜我連她姓什麼都不曉得，一直沒找到！

媽以前常提起拉文斯布呂克。曼琪也跟她去那裡嗎？

對……也許是那裡…

我只曉得，安雅從俄軍那邊獲救，在我之前回索斯諾維茨。我的自由拖得比較久……

大戰打到最後一刻，我離開達豪……

我本來要被運去瑞士邊界交換德國戰俘，不過目的地沒到。

記得我們每人領到瑞士紅十字送的寶盒：沙丁魚！餅乾！巧克力！

有些人馬上吃光光。我當然留著以後吃。

到了半夜，有人想偷……

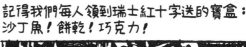

有斑疹傷寒的我還在養病，不過為了這寶盒，不睡也值得。

全員下車！
五五排成一行！

火車坐到這裡為止。

從這裡，我們要走路到邊界……

我發現，我受的苦不是到處都有。
外面的世界照樣有好日子過。

我們行軍。停下來。一站好幾個鐘頭就。

（怎麼了？）
（他們想把我們趕回達豪！）
（不對不對。美軍快攻過來了。）

現場有騷動，有謠言，然後是歡呼：

戰爭結束了！

結束。

往鐵路的方向走回去！快！

德軍沒有丟下我們，只叫我們走上貨運火車。

美軍在下一站等。你們歸他們管。

衛兵沒上這班車，所以我們真正知道戰爭結束了。

過半個鐘頭，火車停了。

有些人走向一邊，有些人走向另一邊……

嘿！這裡沒有美軍！

等什麼等？我們走！

去哪裡沒概念。

止步，否則我們將開槍！

忽然間，納粹國防軍的一組巡邏隊！

本來以為重獲自由的我們，一個個被抓回來，大概一百五十或兩百人，集合在大湖邊的林子裡……

我搞不清楚狀況，只曉得又掉進德軍手裡。

我們被他們守著，不敢逃。

四面八方架著機關槍啊！

我們偷聽到，德軍今晚想就地處決我們所有人！

傍晚，我走向湖邊…

符拉迪克·史畢格曼～老弟！是你嗎?!

施維克?!你還活著?

施維克是戰前朋友，住在索斯諾維茨附近的本津（Bedzin）。

躲過了所有鬼門關，居然在戰爭結束時被槍斃！

我弄到咖啡，還留著一點。我們喝最後一杯吧。

看！抓他！

SPLASH

＊嘩啦

有個比較老的傢伙，大概五十歲吧，他跳湖了，想游到對岸還很遠。

KBANG!
KBANG!

＊咔砰砰！

他游到了！你有力氣試嗎？

待在水邊就好。等處決真的開始，跳水也不遲。

天黑了。我們害怕得半死，坐著等著。

大家哭著祈禱著，硬撐了這麼久，最後竟然等著被槍斃，因為我們想不出辦法。

267

大清早,大家還活著全。

國防軍走了!

奇蹟啊!一個德軍也不剩—一只留機關槍!

怎麼回事?

我躺在指揮官的帳篷旁邊——他女友跟他吵一架……

她哀求他放我們走。她警告他説,不然他會受懲罰。

她哭著説,「戰爭結束了。我們逃吧!」她是我們的救星!

有些人往一個方向走,有些人往另一個方向。

這裡有幾座農場,説不定我們能弄到食物。

止步!

路上又有巡邏隊,也想捉拿猶太人。

同樣的情況又來了。我們差不多有四十個被逮到,全被關進一個大穀倉。

整晚聽見四周的山區傳來槍聲……

KPOK KPOK KPOK

＊咔啪咔咔啪咔咔啪

守我們的衛兵，他們全溜了！

隔天早上，我們又全撿回一條命！

來，施維克，我們去找個密室，等風平浪靜再出來。

我們路過修車廠。我走過去……

求求你，這位先生。我們需要藏身的地方，等到美軍過來就走。

走開！我不想被拖下水！

同情我們嘛。躲一兩天就好！……

嗯…後面有個坑。你們如果想躲進去，不干我家事！

我們走進坑裡躲了一天多。然後，兩個國防軍來了。

喂！因斯布魯克 (Innsbruck) 怎麼去？

往那邊走，長官。

等一等 —— 後面坑裡躲了兩個猶太人！

國防軍急著趕路，根本懶得搜。

我們走，施維克，去找個比較安全的地方。

我們路過幾棟民房，探頭進去看看……

看。這間好像沒人在家。

這房子有一區是穀倉。

我們可以躲進這上面的乾草堆。

牆外的喊叫聲傳進來。

SCHNELL, ELSA! 能帶走的東西快拿。

快一點！這裡隨時可能變成戰場！

＊德文：快，艾爾莎！

村民正在逃命！

好啊。逃得愈遠愈好！

KKABOOMM

＊轟！

穀倉最遠的一邊塌了一點……

我的天！怎……麼了？！

國防軍撤退中，炸橋斷後路。這表示，我們自由了！

現在沒事了！我們去四下看看。

嗯嗯。我哪裡也不想去。

我自個兒進去空屋。

(倒抽一口氣)
牛奶！

咕嚕！咕嚕！
喝了又喝，停不住！

告訴你，現在沒事了。我帶牛奶給你喝！
牛奶！

兩人喝了太多牛奶，然後四處探一探。

啊！雞！
施維克是農場長大的小孩，他是。他每天宰一隻雞，擠奶分給我喝。

我以前常夢到雞！
嘎！

看！我上樓找到衣服。條紋囚衣可以扔了。

不錯嘛！我漸漸又覺得自己變回人類了！

我也是。只不過，我──嗝──有點想吐⋯⋯

我們身體不好，在床上躺了幾天，直到美軍進來⋯⋯

雙手舉起來！說明身分！

牛奶加雞肉嚇到我們的胃腸，我們腹瀉嚴重。

我說出我們求生的經過……

…然後從達豪，我們被火車運來——啊！

BANG!
BANG!

＊砰！砰！

只是我部下，表示他們發現一批德軍彈藥……

德國佬再也傷不了你們了。剩下的德國佬不是斷氣了就是只剩半條命。

這房子將成為本單位的基地營…

不過，如果你們兩個小子能打打掃，替我們整理床鋪，你們可以住下來。

巧克力要不要？

好…好，留著改天吃。謝謝你。

就這樣，我們幫美軍做事。我通英文，討他們喜歡。

謝謝你擦皮鞋，威利。

不客氣，士官。用不著謝了。

他們送食品罐頭和禮物給我們，叫我威利。

272

有一次，一個女人帶著長官進屋裡。

逮捕這兩個猶太賊！

他們偷我丈夫的衣服！

我們見衣服就穿，沒注意到是誰的！

強盜！

威利，衣服還給他們吧。

我說，「好吧，讓她拿走。我們還有滿滿三箱子！」

啊！幾點了都！還不趕快幫我裝窗戶。

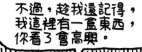

不過，趁我還記得，我這裡有一盒東西，你看了會高興。

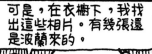

我以為搞丟了，結果你看，還保留著！

媽的日記？！

不是不是！日記角提了，早就不見了，結束了！

可是，在衣櫥下，我找出這些相片。有幾張還是波蘭來的。

謝謝。

來，窗戶給你關照！

這個是舅舅赫曼嗎？

273

你那邊的家族呢？

我那邊？…我父親和我姊菲拉，菲拉的四個小孩，我說過，他們在四二年被帶走了。

我妹妹佐霞和雅霞各有一個小孩，搬來猶太區和我住，後來全死在奧斯威辛。

哥哥馬克斯和我最親，他和弟弟摩西斯在我退伍不久，被送去打鐵廠（Blechamer）勞動營。
我透過紅十字寄錢給他們…藏在麵包裡。

我寫：「這麵包很昂貴，要慢慢吃，仔細吃。」戰後我遇見一個人，他說他見到他們死了，但他不願說明怎麼死的。

我另外兩個弟弟雷昂和皮涅克從波蘭陸軍叛逃，跑去俄國倫伯格（Lemberg）…

有個猶太農家收容他們。皮涅克，他和農家女兒結婚。不過，雷昂病倒了。醫生說是斑疹傷寒，後來因為盲腸炎死了。

莎拉＋皮涅克 台拉維夫

1963

所以，只有我弟逃出戰火……其他家人呢，一個不剩，連相片也沒。

276

這些相片是里丘的波蘭保姆給的。

我們交寶貴物品給她保管，等戰爭結束再拿回來。

可是戰後，她說，「所有貴重物品，全被納粹搶走了。」

我們不信，不過起碼她把相片還給我們。

我可以帶回家嗎？

可以。是你的。不過，讓我們把相片裝進信封先…

這雪茄盒我得留著用——

啊！

呼——看到沒！有耐綾寧，馬上得救。不過，我講得太累了，想躺下來休息一下。

呃…那…防風雨窗怎麼辦？

你自個兒不會裝，而我現在又太累。明天再說吧。

怎麼行！我太忙了。我下禮拜再來。

啊。這樣的話，我們現在非裝不可。我——呼——

想讓心臟病再發作一次嗎？好啊！拜託，你的暖氣費用只好再多浪費幾天了。

嘟嚨。

我——呃——抱歉，害你講那麼久，爸。

別在意了，親愛的。有你來看我，我很高興。

277

第 五 章　　二 度 蜜 月

冬天……

咖啡要不要？

「她說，我才不進毒氣室，我的小孩也不——」

咔嚓

當然要！

我對父親錄了超過二十小時的訪問帶子，眼看就要結束了，沒想到他跑去佛羅里達。

他一通電話也不來。希望他沒事……

瑪拉也去了。也許冤家見了面，嗆得你死我活。

我其實覺得，愈吵他愈有活力。瑪拉走後，他既無案，又充滿狂妄的鬥志，很奇怪。

我們又能拿我爸怎麼辦？總不能把他搬去皇后區吧！

也許可以把他搬來這裡一起住。

妳瘋了嗎？我們住四樓，他心臟才無法負荷。這公寓好就好在這一點。

更何況，假如他說「好」，我們怎麼辦？

好吧……隨你便——他是你父親。

別再說了！我罪惡感還不夠深嗎？

好吧，那就擱著別解決！

但願他能和瑪拉復合，再把彼此整得烏煙瘴氣。

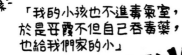

「我的小孩也不進毒氣室，
於是安霞不但自己吞毒藥，
也給我們家的小」

RRING
RING!

*鈴鈴！

哈囉。瑪拉?!
我們才剛——
什麼？
怎麼一回事？

我不知道怎麼辦
才好。你父親進了
聖方濟醫院。

*咔嚓

肺積水——一個月以來
第三次了！他不要我害你
窮操心，不過這次很嚴重！

呼。
妳在
哪裡？

我在公寓裡。（啜泣）
我和他復合了，不過，
天知道我腦袋是斷了
哪根筋！

嗯，這樣吧。
我先打去醫院問，
然後回電給妳。

哈囉，聖方濟？
可以幫我轉接史畢格曼
先生嗎？…他是病人…
什麼？…確定??

?

嗨，瑪拉？
醫院說他沒辦
住院手續。

我知道…
他剛走進
家門了！

醫生勸他不聽。他說他信不過這裡的
醫生，所以逃出醫院…太無厘頭了。
他蒼白得像幽靈！

他想去他在紐約的醫院。我認為他
是想在你附近住院，以免萬一出事！
我拿他沒辦法了。快來幫我忙！

呃。

281

佛羅里達

好了！差不多全打包完了嘛，瑪拉。我南下的主要原因是幫忙打包啊！

唉。你該懂符拉迪克。五花大綁，也綁不住他…結果現在他累了，我也是。

呻吟

嗨，老爸。你還好嗎？

很不好。好虛弱…好虛弱…

你有沒有在他明天班機上安排氧氣筒？

嗯嗯。我也請救護車送他和我從甘迺迪機場去拉瓜迪亞醫院。芙蘭索瓦絲送妳回家，我幫他辦住院手續。

你們倆怎麼復合了？

我也不知道。我撥到醫院電話，為他難過，所以就去了。

我本來發誓再也不見他，可是，我就是心太軟。他一直講一直講，講到我累到臉色發青…結果就來了。

瑪拉，瑪拉！快來呀！

安雅一定是個聖人！難怪她自殺。

他在叫妳。

只是他剛拉的屎啦。他要我去檢查看看，然後才沖掉。他和以前一樣難搞。

可是，現在他腦筋更糊塗，也更依賴人。…我又能怎麼辦？我被他套牢了。

終於！
打包完了！

對。打包花一小時，
符拉迪克花四小時開箱
重新摺所有衣服！

*啪

我頭暈了。
我們去坐坐呼吸
新鮮空氣。

你去吧。我想打電話
給我哥里歐，走前跟
他說聲再見。

呼。幾年前，我出來這裡幫瑪拉買
貝果，結果頭暈了，像現在，靠向
一個樹叢想抓著，竟然一頭倒進去…

我爬到樹叢旁邊，好讓
路人看見但又不會被人
踩到。最後有人來救。

啊。
能晒晒太陽
真好……

對。只可惜公路和機場太近，
太吵了。亞第，天空那個
小飛機，看見沒？……

嗯嗯。

一九四六年，我們搭的就是那麼
小的飛機，從波蘭飛去瑞典。
飛機上我們差不多十個人，難民…

在那之前，我們沒坐過飛機。
其他人不敢坐，我可是馬上登機…

我告訴他們，「放心。飛機要摔就
摔吧——起碼我們脫離波蘭了！

你為什麼想離開波蘭？

唉。戰後波蘭再也沒我們的份了。完全沒有。

我們想移民來這裡，投靠你大舅赫曼。不過美國有配額制，所以赫曼幫我們申請簽證去斯德哥爾摩等。

你在瑞典有工作嗎？

怎麼沒有？我做的是靠體力的苦工…

我整天搬好重的箱子。難民只找得到這種工作。

幸好我那時體力好，不像現在…我也同時找生意做。

有一家猶太人當老闆的百貨公司。我去找他…

我等了好幾個禮拜，一直想見你！

可是，史畢格曼先生，我們的推銷員夠多了！…

更何況，瑞典文你大字不懂幾個！

我們用意第緒文交談。

我在波蘭賣過紡織品和襪子，不過我什麼東西都能推銷！就給我一種難脫手的東西吧──我只求一個機會！

襪子嘛？嗯…我們庫存滿是一款退流行的膝下絲襪，沒人想──

太好了！

在美國，赫曼又開一家製襪工廠。我從他那裡弄到膝上型的尼龍長絲襪。

在瑞典找不到。

想買我的尼龍絲襪嗎？

何止想?! 我們顧客想買這種絲襪都快想瘋了。這種絲襪是配額品！

多少錢？

一般價。不過你每進貨一雙膝上絲襪，要連帶買一雙膝下絲襪。

膝下型我買了會全丟掉，不過還是划算！

因此，我推銷掉百貨公司的所有庫存。

我後來等於是成了百貨公司合夥人，變得錢多多。

幾年後，美國簽證發下來了，公司辦了一個大舞會，驚喜喔。

撕掉船票留下來嘛，還來得及！

一路順風

我真的後悔不想走。

移民美國後，我做鑽石買賣，可惜生意一直沒做得以前那麼大。

唉。來，我們進去吧。

為什麼？時間多的是。

太陽太大了。都怪你把我墨鏡收進行李箱，不然我能繼續坐。

285

那天深夜……

請旅客留在原位，等病患下飛機……

嘟囔

甘迺迪機場

登機前，班機延誤六小時，然後符拉迪克抱怨氧氣筒失效了，他不能呼吸。

機組人員檢查說，氧氣筒沒問題……

他們說，他病太重，不能搭飛機，不過我們拒絕下飛機。然後他說，氧氣筒可以用了，所以我們才飛得回來！

幸好你通知班機延誤。

地勤準備一支免費電話給受到延誤的乘客打。瑪拉打遍了全美國她認識的所有親友。

還不是跟符拉迪克學的！

*計程車、行李

半小時後……

終於！芙蘭索瓦絲和瑪拉一定到家了，沒淋到雨。早知道就叫她們載我們去醫院。

沒關係，救護車錢由我的保險給付。

*嗚咿

嗚咿

抱歉，他身體不好，不過他大概不必躺擔架。

我們是照規定行事，老弟。

拉瓜迪亞醫院怎麼去？

啊！開上皇后大道，要右轉時我會告訴你。

謝謝，這位先生，不過還是請你在擔架上躺好。

*嗚咿嗚咿

拉瓜迪亞醫院……

〈哈欠〉還要等多久？

檢查完畢了……你可以進去陪你父親等醫生。

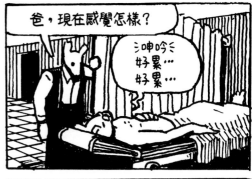

爸，現在感覺怎樣？

ㄅ呻吟ㄑ好累…好累…

抱歉我拖這麼久才來。剛才因為聽你說明父親的狀況，我們為保險起見，再做更詳盡的檢查……

他在佛羅里達拿的藥能改善肺積水，心臟看起來也還好…

你可以帶他回家了！高興吧？

什麼?!

嗯。如果病情屬於邊緣型，乾脆留院觀察幾天，不是更好嗎？

他真的沒必要住院。

醫生剛說你沒事。我們可以回家了。

是嗎？這樣的話，瑪拉和我可以在皇后區家裡住到年底。

如果身體沒問題，我待在紐約比較好，比較靠近我的健保醫院，佛羅里達的醫院一天要花好幾百元啊！

亞第，我們好久沒見你了。

上次去佛羅里達太累，多休息一陣子…最近情況怎樣？

我們打算賣掉這棟房子，搬去佛羅里達。

他竟然同意，不可思議。他很依戀這房子。

他健康情形怎樣？

他最近有點茫茫然。這樣也好，我比較好應付他，不過他的狀況真的不太好。

他常搞不清楚情況。上禮拜，他去銀行，回家路上居然迷路了！…不多說了，他在那邊休息。

聽說你想賣房子了……

是嗎？我只想圖個耳根清靜。瑪拉想搬去佛羅里達的話，就去佛羅里達吧。

來坐坐。看見你，我好意外！

呃？怎麼會？我昨天打電話說過我要來。

電話？我不記得……

如果你可以，我想訪問你，錄下最後一段。

我想瞭解大戰打到最後的情況……

大戰。對，這我還記得。

你當時和幾個美軍住在農場……

對。我朋友施維克也在。

那陣子發生什麼事？

很多難民出現了，到處都是…

後來，一道命令下來…

總部成立了流民營，依規定你該搬進去住。

我們全來到加爾米施－帕滕基興（Garmisch-Partenkirchen）。

姓名？

符拉迪克・史畢格曼。

原籍？

波蘭…

在這，我弄到證件，有地方可住…

嘿，符拉迪克，跟我一起去漢諾瓦看我哥哥。他遇到一個非猶太女人，躲在她家，現在結婚了。他──

喔！

怎麼了？

不曉得，施維克。我發燒了，渾身癢──喉嚨癢，耳朵癢，到處都癢！

全身！

好幾天，我病得很重。

這…這是哪裡!?

醫務室。你斑疹傷寒復發了。

我現在覺得沒事了。

你要定期看醫生。我們診斷不出毛病，不過你一定還有不對勁的地方。

一年後，我發現我不只有斑疹傷寒，還有糖尿病。

在流民營，我日子過得輕鬆……

快來，符拉迪克！我們去掙幾塊巧克力！

OK！我們會講英文！OK！

施維克連波蘭文都不會，只會意第緒文。

證件終於發下來時，我們存了好多好東西。

我們想買車票去漢諾瓦。

車票??…

鐵軌還在不在，我都搞不清楚了！

那班貨車可能往北走。

火車走走停停，經常換方向…

看，施維克。紐倫堡。

身為戰俘的日子，我來過這裡刷洗街道…

現在只剩瓦礫堆，什麼也沒有。

路過一個地方符茲堡（Würzburg）──慘兮兮！

哪裡有水喝？

哈！我們三天沒水了！

到處全被美軍──（啜泣）──炸爛了！

建築物全倒光了。

走的時候，我們好開心·

讓德國人嘗一點猫太人被迫害的滋味。

290

火車終於到漢諾瓦站……

小孩可以擠一間臣房。你們兩位可以睡另一間……

你呢？其他家人在哪裡，你知道嗎？

我想回波蘭看看還有沒有人在。我們約好了，失散後在索斯諾維茨團圓。

我寄信到老家猶太社區中心給我太太，不過——她不可能還活著……我去年在奧斯威辛看過她……

她當時好瘦……好虛弱……

貝爾森（Belsen）有個大流民營，或許可以打聽到親人的消息。各地猶太人都趕來尋親。

貝爾森不遠，所以我去幾天。有天早上，一群人來了，其中有兩個我在家鄉稍微認識的女孩……

珍妮！索尼雅！

看！是符拉迪克·史畢格曼！

我們剛從波蘭出來……

能逃出波蘭是命大！……

萬萬別回索斯諾維茨。鎮上的波蘭人還在殺猶太人！

記得格爾博家嗎？
他們在索斯諾維茨開了
一間很大的麵包店…

「一個兒子沒死，回到家…」

你想幹
什麼？

這裡是我家。
我姓格爾博！

我們還以為你們全被
希特勒抄光了！

滾蛋，猶太！這間麵包店
現在是我們的！

SLAM!

＊轟！

「他不知該怎麼辦才好，晚
上就睡在老家後院的工具室
…」

「波蘭人偷偷進去，打他一頓，然後吊死他。」

「死裡逃生，換
來的竟然是…」

隔天，他哥哥從流民營
回來，只把弟弟埋葬之
後就走……

別再說了！
…我聽不
下去了！

告訴我，妳們
有沒有聽到
安雅的消息？

我看過她！她沒回去
爭房子。波蘭人放她
一馬。

292

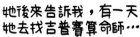

安雅再去猶太中心，
每天去幾次……

她等不到
好兆頭。

結果，她枯坐家裡，
情緒更低落，後來才…

KNOCK
KNOCK
KNOCK

安雅！妳看！妳先生
剛來一封信！

他在德國…他得了
斑疹傷寒！

算命師料中了。

他附一張相片！我的天——
符拉迪克真的
活著！

有天我路過一個照相館，裡面有集中營
制服——乾淨的新制服可以
拍紀念照……

安雅一直留著這張相片。
現在還收在我書桌抽屜裡！
呃？你想去哪？

我想把那
張相片納入
我的書裡！

不可思議！

對。我一聽說安雅還活著，馬上放下一切，一心只想回索斯諾維茨。

我拿東西去換來禮品。

看！我有幾件女裝和一件皮草大衣，可以送安雅。

嗯，你想去波蘭，我也跟著去好了！

我們有時走路，有時搭火車。

去波蘭的路上，很多地方連鐵軌都沒剩。

到了一個地方，火車停著，好幾個鐘頭不動就是不動。

你留這裡看行李，施維克。我拿我們的水壺去裝水。

我在車廂做記號，一個小時之後回來，卻發現火車走另一條軌道跑掉了。

施維克？！

我找不到他，也沒行李，身上只有一件薄上衣和水壺。

施維克回漢諾瓦找我……

…我直接去波蘭。花了我三四個禮拜。

終於回到索斯諾維茨，我見到的猶太人少之又少。

不過我打聽到猶太中心在哪裡。

裡面有人認得我。

誰來了，快看！趕快去找安雅，馬上帶她過來！

有人找到她……

倒抽一口氣

符…符拉迪克！

場面好感人，在場所有人全陪我們一起哭。

安雅，安雅，我的安雅！

別的我不用多說了。我們兩人從此以後過著幸福快樂的生活。

好了…可以停了吧，拜託，錄音機按停…

講了好久，我累了，里丘，故事講夠多了…

史畢格曼

符拉迪克
Oct. 11, 1906
Aug. 18, 1982

安雅
Mar. 15, 1912
May 21, 1968

— art spiegelman 1978·1991